CRISES DA REPÚBLICA

Hannah
Arendt

Tradução
Adriana Novaes

Revisão técnica
Adriano Correia

CRÍTICA

"Desobediência Civil" foi publicado originalmente em uma versão um pouco diferente na *The New Yorker*. Versões dos outros ensaios deste livro foram publicadas originalmente na *The New York Review of Books*.

Título original: *Crises of the Republic*

Preparação: Ana Maria Fiorini
Revisão: Carmen T. S. Costa e Ligia Alves
Revisão técnica: Adriano Correia
Diagramação: Negrito Produção Editorial
Capa: Estúdio Daó (Giovani Castelucci e Guilherme Vieira)

Dados Internacionais de Catalogação na Publicação (CIP)
Angélica Ilacqua CRB-8/7057

Arendt, Hannah
Crises da República / Hannah Arendt ; tradução de Adriana Novaes ; revisão técnica de Adriano Correia. — São Paulo : Planeta do Brasil, 2024.
208 p.

ISBN 978-85-422-2516-7
Título original: Crises of the Republic

1. Filosofia 2. Política e governo 3. Violência 4. Revoluções I. Título

23-6544 CDD 100

Índice para catálogo sistemático:
1. Filosofia

FSC
www.fsc.org
MISTO
Papel | Apoiando o manejo florestal responsável
FSC® C112738

Ao escolher este livro, você está apoiando o manejo responsável das florestas do mundo

2024
Todos os direitos desta edição reservados à
EDITORA PLANETA DO BRASIL LTDA.
Rua Bela Cintra 986, 4º andar – Consolação
São Paulo – SP CEP 01415-002
www.planetadelivros.com.br
faleconosco@editoraplaneta.com.br

Editora Planeta Brasil | 20 ANOS

Acreditamos nos livros

Este livro foi composto em Adobe Garamond Pro e impresso pela Lis Gráfica para a Editora Planeta do Brasil em janeiro de 2024.

Para Mary McCarthy, por nossa amizade

SUMÁRIO

MENTIR NA POLÍTICA

Reflexões sobre os Documentos do Pentágono

> *"Não é bonita a imagem da maior superpotência do mundo matando ou ferindo seriamente mil não combatentes por semana, enquanto tenta forçar uma pequena nação atrasada à submissão a respeito de uma questão cujos méritos são acaloradamente contestados."*
>
> Robert S. McNamara

I

Os Documentos do Pentágono – como ficou conhecida desde sua publicação no *The New York Times*, em junho de 1971, a "História do processo de tomada de decisão dos Estados Unidos sobre a política para o Vietnã", de quarenta e sete volumes (encomendada pelo secretário de Defesa Robert S. McNamara em junho de 1967 e concluída um ano e meio depois), um relatório ultrassecreto, ricamente documentado, sobre o papel norte-americano na Indochina desde a Segunda Guerra Mundial até maio de 1968 – contam diferentes histórias, ensinam diferentes lições para diferentes leitores. Alguns afirmam que só agora compreenderam que o Vietnã era o resultado "lógico" da Guerra Fria ou da ideologia anticomunista. Outros, que essa é uma oportunidade única para aprender sobre os processos de tomada de decisão do governo, mas a maioria dos leitores tem concordado até agora que a questão básica levantada pelos documentos é o engano. De qualquer maneira, é óbvio que essa questão foi predominante nas mentes dos que compilaram os Documentos do Pentágono para o *The New York Times*, e é ao menos provável que tenha sido também uma questão para a equipe de redatores que prepararam os quarenta e sete volumes do estudo original.[1] A famosa falta de credibilidade, que tem nos acompanhado por seis longos anos, de repente se abriu para um abismo. A areia movediça de todo tipo de declarações mentirosas, enganos, assim como de autoenganos, está pronta para engolir qualquer leitor que deseje examinar esse material, que, infelizmente, deve reconhecer como a infraestrutura de quase uma década de política externa e interna dos Estados Unidos.

Por causa do alcance extraordinário atingido pelo comprometimento com a inverdade na política no nível mais alto do governo, e por causa da concomitante extensão da mentira, que teve permissão para proliferar em todos os escalões de todos os serviços governamentais, militares e civis – as falsas contagens de corpos das missões de "busca-e-destruição", os relatórios de danos adulterados da força aérea,[2] os relatórios de "progresso" para Washington escritos do campo por subordinados que sabiam que seus desempenhos seriam avaliados por seus próprios relatórios[3] –, podemos ser facilmente tentados a esquecer a experiência da história passada, ela mesma não exatamente uma história de virtude imaculada, contra a qual esse mais novo episódio deve ser visto e julgado.

O sigilo – o que diplomaticamente é chamado "discrição", assim como os *arcana imperii*, os mistérios do governo – e o engano, a falsidade deliberada e a mentira descarada, usados como meios legítimos para alcançar fins políticos, têm nos acompanhado desde o começo da história registrada. A veracidade nunca esteve entre as virtudes políticas, e as mentiras sempre foram vistas como ferramentas justificáveis em acordos políticos. Qualquer pessoa que reflete sobre esses temas fica surpresa com a pouca atenção que tem sido dada à sua importância

---

1 Nas palavras de Leslie H. Gelb, que era o encarregado da equipe: "Acima de tudo, é claro, está a questão crucial da credibilidade governamental". Ver: "Today's Lessons from the Pentagon Papers", in *Life*, 17 de setembro de 1971.

2 Ralph Stavins, Richard J. Barnet e Marcus G. Raskin, *Washington Plans an Aggressive War*, Nova York, 1971, p. 185-187.

3 Daniel Ellsberg, "The Quagmire Myth and the Stalemate Machine", in *Public Policy*, primavera de 1971, p. 262-263. Ver também: Leslie H. Gelb, "Vietnam: The System Worked", in *Foreign Policy*, verão de 1971, p. 153.

em nossa tradição de pensamento político e filosófico – por um lado, pela natureza da ação, e, por outro, pela natureza de nossa habilidade em negar em pensamento e em palavra qualquer que seja o caso. Essa capacidade ativa e agressiva é claramente diferente de nossa passiva suscetibilidade a sermos vítimas do erro, da ilusão, das distorções da memória e do que mais possa ser culpado pelas falhas de nosso aparato sensível e mental.

Uma característica da ação humana é que ela sempre inicia algo novo, e isso não significa que é sempre permitido começar *ab ovo*, criar *ex nihilo*. Para abrir espaço para a própria ação, algo que estava lá antes deve ser removido ou destruído, e coisas que estavam lá antes são mudadas. Tal mudança seria impossível se não pudéssemos remover a nós mesmos mentalmente de onde estamos fisicamente e *imaginar* que as coisas poderiam também ser diferentes do que realmente são. Em outras palavras, a negação deliberada da verdade factual – a habilidade de mentir – e a capacidade de mudar fatos – a habilidade de agir – são interconectadas; elas devem sua existência à mesma fonte: a imaginação. Não é de modo algum uma obviedade que possamos *dizer* "O sol brilha" quando na verdade está chovendo (a consequência de alguns danos cerebrais é a perda dessa capacidade); antes isso indica que, embora sejamos bem equipados tanto sensível quanto mentalmente para o mundo, não estamos encaixados ou ajustados a ele como uma de suas partes inalienáveis. Somos *livres* para mudar o mundo e começar algo novo nele. Sem a liberdade mental para negar ou afirmar a existência, para dizer "sim" ou "não" – não apenas a afirmações ou proposições para expressar concordância ou discordância, mas também às coisas como elas são dadas, para além da concordância ou discordância, a nossos órgãos de percepção e cognição –, nenhuma ação seria possível; e ação, é claro, é a verdadeira matéria de que é feita a política.[4]

Consequentemente, quando falamos sobre mentira, especialmente sobre mentira entre homens de ação, vamos lembrar que a mentira não se esgueirou para dentro da política por algum acidente da pecaminosidade

---

4 Para mais considerações gerais sobre a relação entre verdade e política, ver meu texto "Verdade e política", em *Entre o passado e o futuro*, segunda edição, Nova York, 1968.

humana. A indignação moral, apenas por essa razão, provavelmente não vai fazê-la desaparecer. A falsidade deliberada lida com fatos *contingentes*, ou seja, com assuntos que não guardam nenhuma verdade inerente neles mesmos, nenhuma necessidade de serem como são. Verdades factuais nunca são forçosamente verdadeiras. O historiador sabe quão vulnerável é toda a tessitura de fatos na qual passamos nossa vida cotidiana: ela está sempre sob o perigo de ser perfurada por mentiras simples ou despedaçada pela mentira organizada de grupos, nações ou classes, ou negada e distorcida, muitas vezes cuidadosamente encoberta com resmas de falsidades ou simplesmente deixada de lado até cair no esquecimento. Fatos precisam de testemunho para serem lembrados e de testemunhas confiáveis para serem estabelecidos a fim de encontrarem uma morada segura no domínio dos assuntos humanos. Disso se segue que nenhuma afirmação factual pode ser indubitável – tão segura e protegida contra ataques quanto, por exemplo, a afirmação de que dois e dois são quatro.

É essa fragilidade que faz o engano ser tão fácil *até certo ponto*, e tão tentador. Ele nunca chega a entrar em conflito com a razão, porque as coisas realmente poderiam ter sido como o mentiroso sustenta que elas foram. Mentiras são frequentemente muito mais plausíveis, têm mais apelo à razão do que a realidade, uma vez que o mentiroso tem a grande vantagem de saber de antemão o que o público deseja ou espera ouvir. Ele prepara sua história para o consumo do público com o cuidado de fazê-la verossímil, ao passo que a realidade tem o desconcertante hábito de nos confrontar com o inesperado, para o qual não estamos preparados.

Em circunstâncias normais, o mentiroso é derrotado pela realidade, para a qual não há substituto; não importa o tamanho do tecido de falsidade que um mentiroso experiente tem a oferecer, ele nunca será grande o bastante, mesmo se tiver a ajuda de computadores, para encobrir a imensidão da factualidade. O mentiroso, que pode se safar com qualquer número de pequenas falsidades, achará impossível se safar tendo a mentira como princípio. Essa é uma das lições que poderia ser aprendida com os experimentos totalitários e com a confiança assustadora dos líderes totalitários no poder da mentira – em sua habilidade, por exemplo, de reescrever a história várias vezes para adaptar o passado a sua "linha política" do momento presente ou para eliminar dados que não se encaixavam em sua ideologia. Assim, em uma economia socialista, eles negariam que o desemprego existiu, a pessoa desempregada simplesmente se tornando uma não-pessoa.

Os resultados de tais experimentos, quando realizados por aqueles que possuem os meios de violência, são terríveis o suficiente, mas o engano duradouro não está entre eles. Sempre se chega ao ponto além do qual a mentira se torna contraproducente. Esse ponto é alcançado quando o público para o qual as mentiras são endereçadas é forçado a desprezar completamente a linha de distinção entre verdade e falsidade para poder sobreviver. Verdade e falsidade – não importa mais qual, se sua vida depende de que você aja como se acreditasse; a verdade em que se pode confiar desaparece totalmente da vida pública, e com ela o principal fator estabilizador nos sempre mutáveis assuntos humanos.

Aos muitos gêneros da arte de mentir desenvolvida no passado, devemos adicionar agora duas variedades mais recentes. Há, *primeiro*, aquela aparentemente inofensiva dos gerentes de relações públicas do governo que aprenderam seu ofício na inventividade da Avenida Madison. Relações públicas é só uma variedade da publicidade; por isso tem sua origem na sociedade de consumo, com seu apetite desmesurado por mercadorias a serem distribuídas em uma economia de mercado. O problema com a mentalidade do agente de relações públicas é que ele lida apenas com opiniões e com "boa vontade", a prontidão para comprar, isto é, com intangíveis cuja realidade concreta é mínima. Isso significa que, para suas invenções, pode realmente parecer que o céu é o limite, pois falta a ele o poder do político para agir, para "criar" fatos, portanto, aquela simples realidade cotidiana que estabelece limites ao poder e traz as forças da imaginação para a terra.

A única limitação para o que o agente de relações públicas faz surge quando ele descobre que as mesmas pessoas que talvez possam ser "manipuladas" para comprar um certo tipo de sabonete não podem ser manipuladas – embora, é claro, possam ser forçadas pelo terror – para "comprar" opiniões e visões políticas. Portanto, a premissa psicológica da manipulabilidade humana tem se tornado um dos principais artigos vendidos no mercado da opinião instruída e comum. Mas tais doutrinas não mudam a maneira como as pessoas formam opiniões nem evitam que elas ajam de acordo com suas próprias capacidades. O único método, à parte o terror, que tem influência real em suas condutas é ainda a velha abordagem de recompensa e punição. Não é de surpreender que a nova geração de intelectuais, que cresceu na atmosfera insana da publicidade desenfreada e à qual foi ensinado que metade da política é "construção de imagem" e a outra metade é a arte de fazer as pessoas acreditarem na imagem, deve quase automaticamente recorrer às antigas abordagens de recompensa e punição sempre que a situação se torna séria demais para a "teoria". Para eles, o maior desapontamento na aventura do Vietnã deve ter sido a descoberta de que há pessoas com as quais os métodos de recompensa e punição também não funcionam.

(Estranhamente, a única pessoa passível de ser uma vítima ideal da completa manipulação é o presidente dos Estados Unidos. Por causa da imensidão de seu trabalho, ele deve se cercar de conselheiros, os "encarregados da Segurança Nacional", como foram chamados recentemente por Richard J. Barnet, que "exercitam seus poderes principalmente filtrando a informação que chega ao presidente e interpretando o mundo lá fora para ele".[5] O presidente, somos tentados a argumentar, presumivelmente a pessoa mais poderosa do país mais poderoso, é o único indivíduo deste país cuja gama de escolhas pode ser predeterminada. Isso, é claro, pode acontecer apenas se o poder executivo tiver cortado contato com os poderes legislativos do Congresso; essa é a consequência lógica em nosso sistema de governo quando o Senado está sendo privado de, ou reluta em, exercer seus poderes de participar e aconselhar a conduta nas relações exteriores. Uma das funções do Senado, como sabemos agora, é proteger o processo de tomada de decisão contra os humores transitórios e as tendências da sociedade em geral – nesse caso, as artimanhas de nossa sociedade de consumo e dos gerentes de relações públicas que a guarnecem.)

A *segunda* nova variedade da arte de mentir, embora menos frequentemente encontrada na vida cotidiana, desempenha um papel mais importante nos Documentos do Pentágono. Ela também atrai homens bem melhores, por exemplo, os que provavelmente são encontrados nos mais altos escalões dos serviços civis. Eles são, na frase feliz de Neil

---

5 Em Stavins, Barnet, Raskin, op. cit., p. 199.

Sheehan, "resolvedores de problema" profissionais[6] e foram atraídos para o governo nas universidades e nos vários *think tanks*,[7] alguns dos quais equipados com teorias de jogos e análises de sistemas, portanto preparados, como pensavam, para resolver todos os "problemas" de política externa. Um número significativo de autores do estudo de McNamara pertence a esse grupo, que consistia em dezoito oficiais militares e dezoito civis de *think tanks*, de universidades e de serviços governamentais. Eles certamente "não eram um bando de pombas" – um mero "punhado era crítico ao empenho dos Estados Unidos" no Vietnã[8] –, e ainda assim é a eles que devemos essa verdadeira, embora, é claro, não completa, história do que aconteceu dentro da máquina do governo.

Os resolvedores de problema têm sido caracterizados como homens de grande autoconfiança, que "parecem raramente duvidar de suas habilidades para triunfar", e trabalharam com os membros militares, sobre os quais "a história observa que eram 'homens acostumados a vencer'".[9] Não devemos esquecer que ao esforço dos resolvedores de problema em fazer um autoexame imparcial, raro entre tais pessoas, devemos o fato de que as tentativas dos atores de esconder seus papéis por trás de uma tela de sigilo autoprotetor (ao menos até terem completado suas memórias – o mais enganoso gênero literário no nosso século) foram frustradas. A integridade básica daqueles que escreveram o relatório está fora de dúvida; eles realmente puderam ter a confiança do secretário McNamara para produzir um relatório "enciclopédico e objetivo" e "deixar as coisas acontecerem".[10]

Mas essas qualidades morais, que merecem admiração, claramente não os impediram de participar por muitos anos do jogo de enganos

---

6 Os Documentos do Pentágono [*The Pentagon Papers* em inglês], como publicados pelo *The New York Times*, Nova York, 1971, p. xiv. Meu ensaio foi preparado antes do surgimento das edições publicadas pelo Government Printing Office e pela Beacon Press e, portanto, baseia-se apenas na edição da Bantam.

7 *Think tank* é um grupo de especialistas reunidos em uma organização ou instituição que se dedica a produzir conhecimento e desenvolver estratégias. O termo surgiu durante a Segunda Guerra Mundial, nos Estados Unidos, para designar a sala na qual oficiais discutiam e tomavam decisões. [N.T.]

8 Leslie H. Gelb, op. cit., in *Life*.

9 *The Pentagon Papers*, p. xiv.

10 Leslie H. Gelb, in *Life*.

e de falsidades. Confiantes "da posição, da educação e da conquista",[11] eles mentiram talvez por um patriotismo equivocado. Mas o ponto é que eles mentiram não tanto por seu país – certamente não pela sobrevivência de seu país, que nunca esteve em jogo –, e sim pela "imagem" de seu país. Apesar de sua indubitável inteligência – manifesta em muitos memorandos de seus punhos –, eles também acreditaram que a política é só uma variedade das relações públicas, e foram tomados por todas as premissas psicológicas bizarras subjacentes a essa crença.

Entretanto, eles eram obviamente diferentes dos criadores de imagens mais típicos. Sua distinção está em que eles também eram resolvedores de problema. Consequentemente, não eram apenas inteligentes, mas orgulhosos de si mesmos por serem "racionais", e estavam de fato em um grau bastante assustador acima do "sentimentalismo" e apaixonados pela "teoria", o mundo do esforço mental puro. Estavam ansiosos para encontrar fórmulas, preferencialmente expressas em uma linguagem pseudomatemática, que unificariam os fenômenos mais díspares que a realidade lhes apresentava; isto é, estavam ansiosos para descobrir *leis* por meio das quais explicar e prever fatos históricos e políticos, como se estes fossem tão necessários, e, portanto, tão confiáveis, quanto os físicos um dia acreditaram que eram os fenômenos naturais.

Contudo, diferentemente do cientista natural, que lida com temas que, seja qual for sua origem, não são feitos pelo ser humano ou promulgados pelo ser humano, e que, portanto, podem ser observados, compreendidos e finalmente até mesmo modificados apenas pela mais meticulosa lealdade à realidade factual e dada, o historiador, assim como o político, lida com assuntos humanos que devem sua existência à capacidade do ser humano para a ação, e isso significa a relativa liberdade do ser humano em relação às coisas como elas são. Seres humanos que agem, na medida em que se sentem mestres de seu próprio futuro, serão sempre tentados a se fazerem mestres também do passado. Enquanto eles têm o apetite pela ação e estão também apaixonados pelas teorias, dificilmente terão a paciência do cientista natural para esperar até as teorias e as explanações hipotéticas serem verificadas ou negadas pelos fatos. Em vez disso, ficarão tentados a encaixar sua realidade – que, afinal, foi

---

11 *The Pentagon Papers*, p. xiv.

feita pelo ser humano, para começo de conversa, e, portanto, poderia ter sido de outra forma – em sua teoria, livrando-se assim mentalmente de sua desconcertante *contingência*.

A aversão da razão à contingência é muito forte. Foi Hegel, o pai dos esquemas grandiosos da história, quem sustentou que a "contemplação filosófica não tem outra intenção que eliminar o acidental".[12] Realmente, muito do arsenal moderno da teoria política – as teorias dos jogos e análises de sistemas, os roteiros escritos para "públicos" imaginados e a enumeração cuidadosa de, habitualmente, três "opções" (A, B, C), em que A e C representam os extremos opostos e B a "solução" de meio-termo "lógica" do problema – tem sua fonte nessa profunda aversão. A falácia de tal pensamento começa em forçar as escolhas em dilemas mutuamente exclusivos; a realidade nunca apresenta a nós algo tão puro como premissas para conclusões lógicas. O tipo de pensamento que apresenta ambos, A e C, como indesejáveis, e que por consequência se fixa em B, dificilmente serve a qualquer outro propósito além de desviar a mente e embotar o juízo para a multidão de possibilidades reais. O que esses resolvedores de problema têm em comum com os mentirosos pragmáticos é a tentativa de se livrar dos fatos e a confiança de que isso deve ser possível por causa da contingência inerente aos fatos.

A verdade é que isso nunca pode ser feito nem pela teoria, nem pela manipulação da opinião – como se um fato fosse seguramente removido do mundo desde que pessoas suficientes acreditem em sua não existência. Isso pode ser feito apenas pela destruição radical – como no caso do assassino que *diz* que a senhora Smith morreu e então vai e a mata. No domínio político, tal destruição teria de ser em larga escala. Não é preciso dizer que nunca existiu em qualquer nível do governo tal desejo de destruição em larga escala, apesar do número assustador de crimes de guerra cometidos ao longo da Guerra do Vietnã. Mas mesmo onde essa vontade está presente, como estava no caso tanto de Hitler como de Stálin, o poder para alcançar essa destruição teria de ser a onipotência. Para eliminar o papel de Trótski na história da Revolução Russa, não é suficiente matá-lo e eliminar seu nome de todos os registros russos

12 *Die Philosophische Weltgeschichte. Entwurf von 1830: "Die philosophische Betrachtung hat keine andere Absicht als das Zufällige zu entfernen".*

enquanto não se pode matar todos os seus contemporâneos e exercer poder sobre as bibliotecas e arquivos de todos os países da Terra.

II

Que a dissimulação, a falsidade e o papel da mentira deliberada tenham se tornado as principais questões dos Documentos do Pentágono em vez da ilusão, do erro, do erro de cálculo e afins, se deve, sobretudo, ao estranho fato de que as decisões erradas e as afirmações mentirosas consistentemente violaram os relatórios factuais surpreendentemente precisos da comunidade de inteligência, ao menos como registradas na edição da Bantam. O ponto crucial aqui não é meramente que a política de mentir quase nunca foi direcionada ao inimigo (essa é uma das razões pelas quais os documentos não revelam nenhum segredo militar que poderia se enquadrar na Lei de Espionagem), mas foi destinada principalmente, se não exclusivamente, para consumo doméstico, para propaganda no país, sobretudo com o propósito de enganar o Congresso. Um exemplo disso é o Incidente Tonquim, em que o inimigo sabia de todos os fatos e o Comitê de Relações Exteriores do Senado, de nenhum.

Ainda de maior interesse é que quase todas as decisões nesse empreendimento desastroso foram tomadas com pleno conhecimento do fato de que provavelmente não poderiam ser realizadas: por isso, os objetivos tinham de ser constantemente alterados. Primeiro, havia os objetivos publicamente proclamados – "garantir que o povo do Vietnã do Sul seja autorizado a determinar seu futuro", ou "ajudar o país a vencer sua luta contra a [...] conspiração comunista", ou a contenção da China e a anulação do efeito dominó, ou a proteção da reputação dos Estados Unidos "como um avalista contrassubversivo".[13] A esses objetivos Dean Rusk recentemente acrescentou o de prevenir a Terceira Guerra Mundial, embora isso pareça não estar nos Documentos do Pentágono ou ter desempenhado um papel no registro factual como nós o conhecemos. A mesma flexibilidade marca as considerações táticas: o Vietnã do Norte está sendo bombardeado para prevenir "um colapso da moral

13 *The Pentagon Papers*, p. 190.

nacional"[14] no Sul e, particularmente, a ruína do governo de Saigon. Mas, quando os primeiros ataques foram programados para começar, o governo havia caído, o "pandemônio reinava em Saigon", os ataques tiveram de ser adiados e uma nova finalidade encontrada.[15] Agora o objetivo era obrigar "Hanói a parar os vietcongues e o Pathet Lao", uma meta que mesmo a Junta de Comando do Estado-Maior não tinha esperança de alcançar. Como disseram, "seria leviano concluir que esses esforços terão um efeito decisivo".[16]

De 1965 em diante, a noção de uma nítida vitória ficou em segundo plano e o objetivo se tornou "convencer o inimigo de que *ele* não poderia vencer" (ênfase nossa). Como o inimigo permaneceu não convencido, a próxima finalidade apareceu: "evitar uma derrota humilhante" – como se a marca distintiva de uma derrota na guerra fosse a mera humilhação. O que os Documentos do Pentágono relatam é o medo assombroso do impacto da derrota não no bem-estar da nação, mas "na *reputação* dos Estados Unidos e de seu presidente" (ênfase nossa). Assim, um pouco antes, durante os muitos debates sobre a conveniência de usar tropas terrestres contra o Vietnã do Norte, o argumento dominante não era o medo da derrota em si e a preocupação com o bem-estar das tropas no caso de retirada, mas: "Uma vez que as tropas dos Estados Unidos estiverem lá dentro, será difícil retirá-las [...] sem *admitir* a derrota" (ênfase nossa).[17] Houve, finalmente, a meta "política" de "mostrar ao mundo até onde os Estados Unidos irão por um amigo" e de "cumprir compromissos".[18]

Todos esses objetivos existiram juntos, de uma forma quase desordenada; nenhum foi autorizado a cancelar seus predecessores. Cada um se direcionava a um "público" diferente, e para cada um deles um "roteiro" diferente teve de ser produzido. A muito citada enumeração feita por John T. McNaughton das metas dos Estados Unidos em 1965 – "70% – Evitar uma derrota humilhante dos Estados Unidos (para nossa reputação como um avalista). 20% – Evitar que o território do VS [Vietnã

14 Ibidem, p. 312.
15 Ibidem, p. 392.
16 Ibidem, p. 240.
17 Ibidem, p. 437.
18 Ibidem, p. 434 e 436.

do Sul] (e adjacências) caia em mãos chinesas. 10% – Permitir que o povo do VS desfrute um melhor, mais livre, modo de vida"[19] – é revigorante em sua honestidade, mas provavelmente foi elaborada para levar alguma ordem e clareza aos debates sobre a sempre problemática questão do porquê de estarmos conduzindo uma guerra no Vietnã, entre tantos outros lugares. No rascunho prévio de um memorando (1964), McNaughton havia mostrado, talvez involuntariamente, quão pouco ele próprio, mesmo naquele estágio inicial do jogo sangrento, acreditava na possibilidade de alcançar quaisquer objetivos substanciais: "Caso o Vietnã do Sul se desintegre completamente sob nós, devemos tentar mantê-lo unido por tempo o bastante para tentar evacuar nossas forças e *convencer o mundo* a aceitar a singularidade (e impossibilidade congênita) do caso sul-vietnamita" (ênfase nossa).[20]

"Convencer o mundo"; "demonstrar que os Estados Unidos eram um 'bom médico' disposto a cumprir promessas, ser durão, assumir riscos, ficar ensanguentado e ferir gravemente o inimigo";[21] usar uma "pequena nação atrasada" desprovida de qualquer importância estratégica "como um *caso piloto* da capacidade norte-americana de ajudar uma nação a enfrentar 'uma guerra de libertação' do comunismo" (ênfase nossa);[22] manter intacta uma imagem de onipotência, "nossa posição de liderança mundial";[23] demonstrar "a vontade e a habilidade dos Estados Unidos em prevalecer nas relações internacionais";[24] mostrar "a credibilidade de nossas promessas a amigos e aliados";[25] em resumo, "*comportar-se* como" (ênfase nossa) a "maior potência no mundo" por nenhuma outra razão além de convencer o mundo desse "simples fato" (nas palavras de Walt Rostow)[26] – essa foi a única meta permanente que, com o início da administração Johnson, sobrepujou todas as outras metas e teorias, a teoria do dominó e a estratégia anticomunista dos estágios

19 Ibidem, p. 432.
20 Ibidem, p. 368.
21 Ibidem, p. 255.
22 Ibidem, p. 278.
23 Ibidem, p. 600.
24 Ibidem, p. 255.
25 Ibidem, p. 600.
26 Ibidem, p. 256.

iniciais do período da Guerra Fria, assim como a estratégia da contrainsurgência tão cara à administração Kennedy.

O objetivo último não era poder nem lucro. Nem mesmo influência no mundo para servir a interesses particulares, tangíveis, em nome dos quais prestígio, uma imagem da "maior potência no mundo", era necessário e propositadamente usado. A meta era agora a própria imagem, como está manifesto na própria linguagem dos resolvedores de problema, com seus "roteiros" e "públicos", tomados emprestados do teatro. Para esse objetivo último, todas as políticas se tornaram meios intercambiáveis de curto prazo, até que finalmente, quando todos os sinais apontavam para a derrota na guerra de desgaste, a meta não era mais evitar a derrota humilhante, mas encontrar caminhos e meios para evitar admiti-la e "salvar as aparências".

A criação de imagem como política global – não conquista mundial, mas vitória na batalha "para ganhar a mente das pessoas" – é de fato algo novo no amplo arsenal de tolices humanas registradas na história. Isso não foi feito por uma nação de terceira categoria, sempre inclinada a ostentar a fim de compensar a coisa real, ou por uma das antigas potências coloniais que perderam sua posição como resultado da Segunda Guerra Mundial e poderiam ter sido tentadas, como foi De Gaulle, a retomar a preeminência na base do blefe, mas pelo "poder dominante" do fim da guerra. Pode ser natural para os ocupantes de cargos eletivos – que devem tanto, ou *acreditam* dever tanto, aos seus coordenadores de campanha – pensar que a manipulação é o que dirige a mente das pessoas e, por isso, é o que de fato dirige o mundo. (O rumor, recentemente relatado na seção "Notas e comentário" do jornal *The New York Times*, de que "a administração Nixon-Agnew estava planejando uma campanha, organizada e dirigida por Herb Klein, seu diretor de comunicações, para destruir a 'credibilidade' da imprensa antes da eleição presidencial de 1972", está bem de acordo com essa mentalidade de relações públicas.)[27]

O que é surpreendente é a avidez daquelas dezenas de "intelectuais" que ofereceram sua ajuda entusiasmada nesse empreendimento imaginário, talvez porque estavam fascinados com o mero tamanho dos exercícios mentais que ele parecia demandar. Novamente, pode

---

27 *The New Yorker*, 10 de julho de 1971.

ser natural que os resolvedores de problema, treinados em traduzir todos os conteúdos factuais para a linguagem de números e porcentagens, na qual podem ser calculados, permaneçam inconscientes da miséria incalculável que suas "soluções" – programas de pacificação e realocação, de desfolhamento, napalm e balas antipessoais – guardam para um "amigo" que precise ser "salvo" e para um "inimigo" que não tinha nem vontade nem poder para sê-lo antes de nós o atacarmos. Mas, uma vez que eles lidaram com a mente das pessoas, permanece espantoso que aparentemente nenhum deles tenha pressentido que o "mundo" talvez ficasse bastante assustado com a amizade e o empenho norte-americanos quando os "esforços que os Estados Unidos farão para cumpri-los" foram "mostrados" e contemplados.[28] Nenhuma realidade e nenhum senso comum poderia penetrar as mentes dos resolvedores de problema[29] que incansavelmente prepararam seus roteiros para "públicos relevantes" a fim de mudar seus estados mentais – "os comunistas (que devem sentir pressões fortes), os vietnamitas do Sul (cuja moral deve ser levantada), nossos aliados (que devem confiar em nós como 'avalistas') e o público norte-americano (que deve apoiar a tomada de risco com vidas e prestígio dos Estados Unidos)".[30]

Sabemos hoje em que extensão todos esses públicos foram mal julgados. De acordo com Richard J. Barnet, em sua excelente contribuição para o livro *Washington Plans an Aggressive War* [Washington planeja uma guerra agressiva; em tradução livre], a "guerra se tornou um desastre porque os encarregados da Segurança Nacional julgaram mal cada público".[31] Mas o maior, de fato básico, erro de julgamento foi se direcionar ao público com os meios da guerra, decidir assuntos militares da "perspectiva das relações públicas e da política" (em que "política" significava a perspectiva da próxima eleição para presidente e "relações públicas", a imagem mundial dos Estados Unidos) e pensar não nos riscos reais, mas em "técnicas para minimizar o impacto dos desfechos

28 *The Pentagon Papers*, p. 436.

29 Nas palavras de Leslie H. Gelb: "A comunidade de política externa se tornou uma 'casa sem janelas'", *Life*, op. cit.

30 *The Pentagon Papers*, p. 438.

31 In Stavins, Barnet, Raskin, op. cit., p. 209.

negativos". Entre as propostas para esta última, a criação de "'ofensivas diversionistas' em outros lugares do mundo para desviar a atenção" foi recomendada, junto com o lançamento de "um programa 'antipobreza' para regiões subdesenvolvidas".[32] Em nenhum momento ocorreu a McNaughton, o autor desse memorando, que sem dúvida era um indivíduo de inteligência incomum, que suas diversões (*diversions*), ao contrário das diversões (*diversions*) do teatro, teriam tido consequências graves e totalmente imprevisíveis; elas teriam mudado o próprio mundo no qual os Estados Unidos se moviam e conduziam sua guerra.

É esse distanciamento da realidade que assombrará o leitor dos Documentos do Pentágono que tenha a paciência de ir até o fim. Barnet, no ensaio mencionado acima, tem isto a dizer sobre o assunto: "O modelo burocrático deslocou a realidade completamente: os fatos duros e persistentes, que tantos analistas inteligentes foram tão bem pagos para coletar, foram ignorados".[33] Não tenho certeza de que os males da burocracia são suficientes como explicação, embora eles certamente tenham facilitado essa desfactualização.[34] De qualquer modo, a relação, ou melhor, a não relação, entre fatos e decisão, entre a comunidade de inteligência e os serviços militares e civis, é talvez o mais importante, e certamente o mais bem guardado, segredo que os Documentos do Pentágono revelaram.

Seria de grande interesse saber o que habilitou os serviços de inteligência a permanecerem tão perto da realidade nessa "atmosfera de Alice no País das Maravilhas", que os documentos atribuem às estranhas operações do governo de Saigon, mas que parece em retrospectiva mais apropriadamente descrever o mundo desfactualizado no qual metas políticas foram estabelecidas e decisões militares foram tomadas. Pois os primórdios do papel dos serviços no Sudeste Asiático estavam longe de ser promissores. No início dos Documentos do Pentágono, encontramos registrada a decisão de embarcar numa "guerra secreta" nos primeiros anos da administração Eisenhower, quando o poder executivo

32 *The Pentagon Papers*, p. 438.

33 In Stavins, Barnet, Raskin, op. cit., p. 24.

34 Essa palavra não está nos dicionários, mas é importante que seja mantida para esclarecer a especificidade do fenômeno que Hannah Arendt analisa. [N.T.]

ainda acreditava precisar da autoridade do Congresso para começar uma guerra. Eisenhower ainda era antiquado o suficiente para acreditar na Constituição. Ele se encontrou com líderes do Congresso e decidiu contra a intervenção aberta porque foi informado de que o Congresso não apoiaria tal decisão.[35] Quando mais tarde, iniciando com a administração Kennedy, a "guerra aberta", isto é, o envio de "tropas de combate", foi discutida, "a questão da autoridade do Congresso para atos abertos de guerra contra uma nação soberana nunca foi seriamente levantada".[36] Mesmo quando, sob Johnson, governos estrangeiros foram amplamente informados sobre nossos planos de bombardear o Vietnã do Norte, parece que nunca houve informe semelhante e consulta aos líderes do Congresso.[37]

Durante a administração Eisenhower, a Missão Militar de Saigon foi formada, sob o comando do coronel Edward Lansdale, e instruída a "realizar operações paramilitares [...] e travar uma guerra político-psicológica".[38] Na prática, isso significava imprimir folhetos que espalhariam mentiras falsamente atribuídas ao outro lado, derramar "contaminantes nos motores" dos ônibus da companhia de Hanói antes de os franceses deixarem o Norte, conduzir uma "aula de inglês [...] para amantes de personagens importantes" e contratar uma equipe de astrólogos vietnamitas.[39] Essa fase ridícula continuou até o início dos anos 1960, até os militares assumirem. Depois da administração Kennedy, a doutrina da contrainsurgência ficou em segundo plano – talvez porque, durante a derrubada do presidente Ngo Dinh Diem, descobriu-se que as Forças Especiais Vietnamitas financiadas pela CIA "se tornaram o exército privado do senhor Nhu", irmão e conselheiro político de Diem.[40]

Os setores de apuração de fatos dos serviços de inteligência foram separados de quaisquer operações secretas que ainda estivessem acontecendo no campo de batalha, o que significava que ao menos eram

35 *The Pentagon Papers*, p. 5 e 11.

36 Ibidem, p. 268.

37 Ibidem, p. 334-335.

38 Ibidem, p. 16.

39 Ibidem, p. 15

40 Ibidem, p. 166.

responsáveis apenas por reunir informação em vez de criar as notícias eles mesmos. Eles não tinham a necessidade de mostrar resultados positivos e não estavam sob pressão de Washington para produzir boas notícias para alimentar a máquina de relações públicas, ou inventar contos de fada sobre "progresso contínuo, melhora virtualmente miraculosa, entra ano, sai ano".[41] Eles eram relativamente independentes, e o resultado foi que eles contaram a verdade, entra ano, sai ano. Parece que nesses serviços de inteligência as pessoas não diziam a "seus superiores o que achavam que eles queriam ouvir", "avaliações [não] eram feitas pelos executores", e nenhum oficial comandante disse a seus agentes o que um "comandante de divisão americano disse a um de seus conselheiros distritais, que insistia em reportar a presença persistente de aldeias vietcongues não pacificadas em sua área: 'Filho, você está escrevendo nosso próprio boletim neste país. Por que você está falhando conosco?'".[42] Também parece que aqueles que eram responsáveis pelas estimativas da inteligência estavam a milhas de distância dos resolvedores de problema, de seu desprezo pelos fatos e pelo caráter acidental de todos os fatos. O preço que pagaram por essas vantagens objetivas foi que seus relatórios permaneceram sem qualquer influência nas decisões e propostas do Conselho de Segurança Nacional.

Depois de 1963, o único traço discernível do período da guerra secreta é a infame "estratégia de provocação", isto é, todo um programa de "tentativas deliberadas de provocar a RDV [República Democrática do (Norte) do Vietnã] a realizar ações que poderiam então ser respondidas por uma campanha aérea sistemática dos Estados Unidos".[43] Essas táticas não pertencem às artimanhas da guerra. Elas têm sido típicas da polícia secreta e se tornaram notórias, assim como contraprodutivas, durante o declínio da Rússia czarista, quando os agentes da Okharana, ao organizar assassinatos espetaculares, "serviram apesar de si mesmos às ideias daqueles a quem denunciavam".[44]

---

41 Ibidem, p. 25.

42 Gelb, in *Foreign Policy*, op. cit.; Ellsberg, op. cit.

43 *The Pentagon Papers*, p. 313.

44 Maurice Laporte, *L'histoire de l'Okhrana*, Paris, 1935, p. 25.

III

A divergência entre fatos – estabelecidos pelos serviços de inteligência, às vezes pelos próprios tomadores de decisão (como notavelmente no caso de McNamara), e muitas vezes disponíveis para o público informado – e as premissas, teorias e hipóteses de acordo com as quais decisões eram finalmente tomadas é total. E a extensão de nossos fracassos e desastres por todos esses anos pode ser compreendida apenas se alguém tiver a totalidade dessa divergência em mente. Vou lembrar o leitor, portanto, de alguns exemplos marcantes.

Sobre a teoria do dominó, enunciada pela primeira vez em 1950,[45] e que pôde sobreviver, como tem sido dito, aos "eventos mais importantes": à questão do presidente Johnson em 1964, "O resto do Sudeste Asiático necessariamente cairia se o Laos e o Vietnã do Sul ficassem sob o controle do Norte vietnamita?", a resposta da CIA foi "com a possível exceção do Camboja, é provável que nenhuma nação na região sucumbisse rapidamente ao comunismo como resultado da queda do Laos e do Vietnã do Sul".[46] Quando cinco anos depois a administração de Nixon levantou a mesma questão, "foi aconselhada pela Agência Central de Inteligência [...] que [os Estados Unidos] poderiam sair imediatamente do Vietnã do Sul e 'todo o Sudeste Asiático permaneceria tal como é pelo menos por mais uma geração'".[47] De acordo com os Documentos do Pentágono, "apenas os chefes da junta, sr. [Walt W.] Rostow e general [Maxwell] Taylor, parecem ter aceitado a teoria do dominó em seu sentido literal",[48] e o ponto aqui é que aqueles que não a aceitavam mesmo assim a usavam não só em pronunciamentos públicos, mas também como parte de suas próprias premissas.

Quanto à alegação de que os insurgentes no Vietnã do Sul eram "direcionados externamente e apoiados" por uma "conspiração comunista": a avaliação da comunidade de inteligência em 1961 foi a de "que

45 *The Pentagon Papers*, p. 6.

46 Ibidem, p. 253-254.

47 O *Sun-Times* de Chicago citou o *New York Times*, "The Week in Review", 27 de junho de 1971.

48 *The Pentagon Papers*, p. 254.

80-90 por cento dos estimados 17 mil VC foram recrutados localmente, e que havia poucas evidências de que os VC contavam com suprimentos externos".[49] Três anos mais tarde, a situação seguia inalterada: de acordo com uma análise da inteligência de 1964, "as principais fontes da força comunista no Vietnã do Sul são nativas".[50] Em outras palavras, o fato elementar da guerra civil no Vietnã do Sul não era desconhecido nos círculos dos tomadores de decisão. Não havia o senador Mike Mansfield avisado Kennedy, já em 1962, de que enviar mais reforços militares para o Vietnã do Sul significaria que "os americanos estariam dominando o combate em uma guerra civil... [o que] arranharia o prestígio americano na Ásia e tampouco ajudaria o Sul vietnamita a manter-se de pé"?[51]

O bombardeio do Vietnã do Norte começou mesmo assim, em parte porque a teoria dizia que "uma revolução poderia ser sufocada cortando as fontes externas de apoio e suprimentos". Os bombardeios foram supostamente para "quebrar a vontade" do Vietnã do Norte de apoiar os rebeldes no Sul, apesar de os próprios tomadores de decisão (neste caso, McNaughton) saberem o suficiente sobre a natureza nativa da revolta para duvidarem de que os vietcongues "obedeceriam" a um Vietnã do Norte "em ruínas",[52] enquanto os chefes da junta não acreditavam "que esses esforços terão um efeito decisivo" sobre a vontade de Hanói, para começar.[53] Em 1965, de acordo com um relatório de McNamara, membros do Conselho de Segurança Nacional haviam concordado que o Vietnã do Norte "não estava propenso a sair [...] e, de qualquer modo, eles estavam mais propensos a desistir por causa do fracasso dos vietcongues no Sul do que por causa da 'dor' induzida por bombas no Norte".[54]

Finalmente, havia, atrás apenas da teoria do dominó, os grandes estratagemas baseados na premissa de uma conspiração mundial comunista monolítica e da existência de um bloco sino-soviético, além da

49 Ibidem, p. 98.
50 Ibidem, p. 242.
51 Ellsberg, op. cit., p. 247.
52 *The Pentagon Papers*, p. 433.
53 Ibidem, p. 240.
54 Ibidem, p. 407.

hipótese do expansionismo chinês. A noção de que a China deve ser "contida" foi refutada agora, em 1971, pelo presidente Nixon, porém, mais de quatro anos atrás, McNamara escreveu: "Na medida em que nossa intervenção original e nossas ações existentes no Vietnã foram motivadas pela necessidade percebida de marcar posição contra o expansionismo chinês na Ásia, nosso objetivo já foi alcançado",[55] apesar de ele, apenas dois anos antes, ter concordado que o objetivo dos Estados Unidos no Vietnã do Sul "não era 'ajudar um amigo', mas conter a China".[56]

Os críticos da guerra têm denunciado todas essas teorias por causa do confronto óbvio entre elas e os fatos conhecidos – como a inexistência de um bloco sino-soviético, algo conhecido de todos os familiarizados com a história da Revolução Chinesa e a oposição resoluta de Stálin a ela, ou o caráter fragmentado do movimento comunista desde o fim da Segunda Guerra Mundial. Uma parte desses críticos foi além e desenvolveu uma teoria própria: os Estados Unidos, tendo emergido como a maior potência depois da Segunda Guerra Mundial, embarcaram em uma política imperialista consistente que visa, em última análise, a um domínio mundial. A vantagem dessa teoria era sua capacidade de explicar a ausência de interesse nacional em todo o empreendimento – o sinal de objetivos imperialistas sempre sendo o de que eles não eram nem guiados, nem limitados por interesses nacionais e fronteiras territoriais –, embora dificilmente pudesse explicar o fato de que esse país estava insistindo loucamente em "despejar seus recursos pelo ralo no lugar errado" (como George Ball, subsecretário de Estado do governo Johnson e o único conselheiro que ousou quebrar o tabu e recomendar a retirada imediata, teve a coragem de dizer ao presidente em 1965).[57]

Claramente esse não era um caso de "meios limitados para alcançar fins excessivos".[58] Seria excessivo para uma "superpotência" adicionar mais um pequeno país à sua lista de Estados clientes ou conquistar uma vitória sobre uma "pequena nação atrasada"? Foi, em vez disso, um exemplo inacreditável de uso de meios excessivos para alcançar metas

55 Ibidem, p. 583.
56 Ibidem, p. 342.
57 Ibidem, p. 414.
58 Ibidem, p. 584.

menores numa região de interesse marginal. Foi precisamente essa impressão inevitável de tropeço insensato que finalmente levou o país à convicção "ampla e fortemente mantida de que 'o *establishment*' está fora de si. A sensação é a de que estamos tentando impor uma imagem dos Estados Unidos a povos distantes que não conseguimos entender [...] e estamos levando a coisa a extremos absurdos", como McNaughton escreveu em 1967.[59]

De qualquer maneira, a edição Bantam dos Documentos do Pentágono não contém nada que apoie a teoria dos grandiosos estratagemas imperialistas. É mencionada apenas duas vezes a relevância de bases terrestres, marítimas e aéreas, tão decisivamente importantes para a estratégia imperialista – uma pelos chefes de gabinete da junta, que apontam que "nossa habilidade em guerra limitada" seria "marcadamente" reduzida se uma "perda do Sudeste Asiático continental" resultasse na perda de "bases aéreas, terrestres e marítimas",[60] e outra vez no relatório de McNamara de 1964, que diz explicitamente: "Nós *não* exigimos que ele [Vietnã do Sul] sirva como uma base ocidental ou como um membro de uma Aliança do Ocidente" (ênfase nossa).[61] As únicas declarações públicas do governo americano durante esse período que de fato contaram quase a verdade do evangelho foram as afirmações muitas vezes repetidas, sempre bem menos plausíveis que outras ideias de relações públicas, de que não estávamos buscando ganho territorial ou qualquer outro lucro tangível.

Isso não quer dizer que uma política global americana genuína com conotações imperialistas teria sido impossível depois do colapso dos poderes coloniais antigos. Os Documentos do Pentágono, geralmente tão desprovidos de notícias espetaculares, revelam um incidente, nunca mais que um rumor, até onde sei, que parece indicar quão consideráveis eram as chances de uma política global, que foi então jogada fora pela causa da criação de imagem e conquista da mente das pessoas. De acordo com uma mensagem de um diplomata americano em Hanói, Ho Chi Minh escreveu muitas cartas para o presidente Truman, em 1945 e

59 Ibidem, p. 534-535.

60 Ibidem, p. 153.

61 Ibidem, p. 278.

1946, solicitando aos Estados Unidos "apoiar a ideia de independência do Anam de acordo com o *exemplo das Filipinas*, examinar o caso do Anam e tomar medidas necessárias para a manutenção da paz mundial que tem sido posta em perigo pelos esforços da França para reconquistar a Indochina" (ênfase nossa).[62] É verdade: cartas semelhantes foram enviadas a outros países, China, Rússia e Grã-Bretanha, nenhum dos quais, contudo, naquele momento particular, teria sido capaz de dar a proteção que foi solicitada e que teria estabelecido a Indochina na mesma posição semiautônoma de outros Estados clientes desse país. Um segundo e igualmente impressionante incidente, mencionado aparentemente na ocasião pelo *The Washington Post*, foi registrado na "Série Especial sobre a China", documentos emitidos pelo Departamento de Estado em agosto de 1969, mas que vieram a público apenas quando relatados por Terence Smith no *The New York Times*. Ao que parece, Mao e Zhou Enlai abordaram o presidente Roosevelt em janeiro de 1945, "tentando estabelecer relações com os Estados Unidos *para evitar dependência total da União Soviética*" (ênfase nossa). Parece que Ho Chi Minh nunca recebeu uma resposta, e informações sobre a abordagem chinesa foram suprimidas porque, como o professor Allen Whiting comentou, contradiziam "a imagem de um comunismo monolítico dirigido de Moscou".[63]

Embora os tomadores de decisão certamente soubessem dos relatos da inteligência, cujas declarações factuais eles tinham, por assim dizer, que eliminar de suas mentes todo dia, acho totalmente possível que eles não estivessem cientes desses documentos anteriores, que teriam desmentido todas as suas premissas antes que pudessem crescer até uma teoria plena e arruinar o país. Algumas circunstâncias bizarras que acompanharam a recente desclassificação irregular e inesperada de documentos ultrassecretos apontam nessa direção. É surpreendente que os Documentos do Pentágono puderam ser preparados por anos enquanto pessoas na Casa Branca, no Departamento de Estado e no

62 Ibidem, p. 4 e 26.

63 *The New York Times*, 29 de junho de 1971. O sr. Smith cita o testemunho do professor Whiting sobre os documentos perante o Comitê de Relações Exteriores do Senado, que aparece em *Foreign Relations of the United States: Diplomatic Papers 1945*, vol. VII: *The Far East, China*, Washington, D.C., 1969, p. 209.

Departamento de Defesa aparentemente ignoravam o estudo; mas é ainda mais surpreendente que, após sua conclusão, com conjuntos expedidos em todas as direções no interior da burocracia do governo, a Casa Branca e o Departamento de Estado tenham sido incapazes até mesmo de localizar os quarenta e sete volumes, indicando claramente que aqueles que deveriam estar mais preocupados com o que o estudo contava nunca colocaram os olhos nele.

Isso lança alguma luz sobre um dos perigos mais graves da classificação exagerada: não apenas é negado às pessoas e a seus representantes eleitos acesso ao que eles devem saber para formar uma opinião e tomar decisões, mas também os próprios atores, que recebem autorização superior para aprender todos os fatos relevantes, permanecem alegremente inconscientes deles. E isso não porque alguma mão invisível os conduz deliberadamente ao erro, mas porque eles trabalham sob circunstâncias, e com hábitos mentais, que não permitem a eles nem tempo, nem inclinação para caçar fatos pertinentes em montanhas de documentos, 99,5% dos quais não devem ser classificados e a maioria dos quais é irrelevante para todos os propósitos práticos. Mesmo agora, quando a imprensa trouxe uma certa parte desse material classificado para o domínio público e o estudo todo foi dado a membros do Congresso, não parece que os que mais precisam dessas informações as leram ou jamais as lerão. De qualquer forma, o fato é que, à parte os próprios compiladores, "as pessoas que leram esses documentos no *Times* foram as primeiras a estudá-los",[64] o que nos faz pensar sobre a noção acalentada de que o governo precisa dos *arcana imperii* para ser capaz de funcionar devidamente.

Se os mistérios do governo têm turvado as mentes dos próprios atores a ponto de eles não saberem ou não se lembrarem mais da verdade por trás de suas dissimulações e mentiras, toda a operação de engano, não importa quão bem organizada for sua "maratona de campanhas de informação", nas palavras de Dean Rusk, e quão sofisticadas suas trucagens à moda da Avenida Madison,[65] vai encalhar ou se tornar

64 Tom Wicker no *New York Times*, 8 de julho de 1971.

65 O termo "Avenida Madison" (localizada em Manhattan) é usado aqui metonimicamente, significando a indústria norte-americana da propaganda. [N.E.]

contraproducente, isto é, vai confundir as pessoas sem convencê-las. Pois o problema com mentir e enganar é que sua eficácia depende totalmente de uma clara noção da verdade que o mentiroso e enganador quer esconder. Nesse sentido, a verdade, mesmo se não prevalecer em público, possui a primazia inextirpável sobre todas as falsidades.

No caso da guerra do Vietnã, somos confrontados, além das falsidades e da confusão, com uma verdadeiramente incrível e totalmente honesta ignorância do pano de fundo historicamente pertinente: os tomadores de decisão não apenas parecem ignorantes acerca de todos os fatos bem conhecidos da Revolução Chinesa e do racha de uma década entre Moscou e Pequim que a precedeu como "ninguém do alto sabia ou considerava importante que os vietnamitas têm lutado contra invasores estrangeiros há quase 2 mil anos",[66] ou que a noção do Vietnã como uma "pequena nação atrasada" sem interesse para as nações "civilizadas", o que é, infelizmente, muitas vezes compartilhado pelos críticos da guerra, está em flagrante contradição com a muito antiga e muito desenvolvida cultura da região. O que falta ao Vietnã não é "cultura", mas importância estratégica (a Indochina é "desprovida de objetivos militares decisivos", como um memorando da Junta de Comando do Estado-Maior dizia em 1954),[67] um terreno conveniente para exércitos mecanizados modernos e alvos recompensadores para a força aérea. O que causou a derrota desastrosa das políticas norte-americanas e da intervenção armada na verdade não foi nenhum pântano ("a política do 'mais um passo' – cada novo passo sempre prometendo o sucesso que o *último passo* anterior também havia *prometido*, mas que inexplicavelmente não conseguiu entregar", nas palavras de Arthur Schlesinger Jr., como citadas por Daniel Ellsberg, que corretamente denuncia a noção como um "mito"),[68] mas o desprezo obstinado e deliberado por todos os fatos históricos, políticos e geográficos, por mais de vinte e cinco anos.

66 Barnet in Stavins, Barnet, Raskin, op. cit., p. 246.

67 *The Pentagon Papers*, p. 2.

68 Ellsberg, op. cit., p. 219.

IV

Se o modelo do pântano é um mito, e se nenhum grande estratagema imperialista ou vontade de conquistar o mundo pode ser descoberto, muito menos interesse em ganho territorial, desejo de lucro ou, menos ainda, preocupação com a segurança nacional; se, além disso, o leitor reluta em se satisfazer com noções gerais tais como "tragédia grega" (proposta por Max Frankel e Leslie H. Gelb) ou lendas sobre facada nas costas, sempre caras aos belicistas na derrota, então a questão recentemente levantada por Ellsberg, "*Como eles puderam*?"[69] – em vez de engano e mentira *per se* – se tornará a questão básica dessa história triste. Pois a verdade, no fim das contas, é que os Estados Unidos eram o país mais rico e o poder dominante depois do fim da Segunda Guerra Mundial, e hoje, um mero quarto de século depois, a metáfora do sr. Nixon do "gigante lamentável e indefeso" é uma descrição desconfortavelmente adequada para o "país mais poderoso da Terra".

Incapaz de derrotar, com uma "superioridade de 1.000 para 1 em poder de fogo",[70] uma pequena nação em seis anos de guerra aberta, incapaz de cuidar dos seus problemas domésticos e de deter o rápido declínio de suas grandes cidades, tendo desperdiçado seus recursos a ponto de a inflação e a desvalorização da moeda ameaçarem seu comércio internacional, assim como seu padrão de vida em casa, o país corre o risco de perder muito mais do que sua reivindicação à liderança mundial. E mesmo se anteciparmos o julgamento de historiadores do futuro que talvez vejam esse acontecimento no contexto da história do século XX, quando as nações derrotadas em duas guerras mundiais conseguiram sair por cima na competição com os vitoriosos (principalmente porque foram compelidas pelos vitoriosos a se livrarem por um período relativamente longo do inacreditável desperdício com armamentos e gastos militares), permanece difícil aceitar tanto esforço perdido para demonstrar a impotência da arrogância – embora possamos dar boas-vindas a essa reabilitação inesperada e em grande escala do triunfo de Davi sobre Golias.

---

69 Ibidem, p. 235.

70 Barnet in Stavins, Barnet, Raskin, op. cit., p. 248.

A primeira explicação que vem à mente para responder à questão "Como eles puderam?" é provavelmente apontar para a interconexão entre engano e autoengano. Na disputa entre declarações públicas, sempre excessivamente otimistas, e os relatórios verdadeiros da comunidade de inteligência, persistentemente sombrios e sinistros, as declarações públicas foram suscetíveis de ganhar simplesmente porque eram públicas. A grande vantagem das proposições aceitas e estabelecidas publicamente sobre seja o que for que um indivíduo pode secretamente saber ou acreditar ser a verdade é nitidamente ilustrada por uma anedota medieval, segundo a qual um sentinela, de prontidão para vigiar e avisar as pessoas da cidade sobre a aproximação de algum inimigo, acionou um alarme de brincadeira – e então foi o último a correr até os muros para defender a cidade contra os inimigos inventados. Disso podemos concluir que, quanto mais sucesso tem um mentiroso, quanto mais pessoas ele tiver convencido, mais provável é que ele termine acreditando nas próprias mentiras.

Nos Documentos do Pentágono somos confrontados com pessoas que fizeram o máximo para ganhar as mentes das pessoas, isto é, para manipulá-las, mas, uma vez que operavam em um país livre, no qual todos os tipos de informações estavam disponíveis, elas nunca realmente conseguiram. Por causa de suas posições relativamente elevadas e de seus cargos no governo, elas estavam mais bem protegidas – apesar de seu conhecimento privilegiado dos "ultrassegredos" – contra essa informação pública, que também contava mais ou menos a verdade factual, do que estavam aqueles que elas tentaram convencer, de quem estavam propensas a pensar em termos de meras audiências, "maiorias silenciosas", que deveriam assistir às produções dos roteiristas. O fato de os Documentos do Pentágono não revelarem quase nenhuma notícia espetacular atesta o fracasso dos mentirosos em criar uma audiência convencida, à qual então eles poderiam se juntar.

Entretanto, a presença do que Ellsberg chamou de processo de "autoengano interno"[71] é indubitável, mas é como se o processo normal de autoilusão fosse revertido; não é como se o engano terminasse no autoengano. Os enganadores começaram com o autoengano. Provavelmente por

71 Op. cit., p. 263.

causa de sua posição elevada e sua surpreendente autoconfiança, estavam tão convencidos de seu enorme sucesso, não no campo de batalha, mas na arena das relações públicas, e tão certos da solidez de suas premissas psicológicas acerca das possibilidades ilimitadas de manipular as pessoas, que *anteciparam* a crença generalizada e a vitória na batalha pela mente das pessoas. E, uma vez que viviam, de qualquer modo, em um mundo desfactualizado, não acharam difícil não prestar mais atenção ao fato de que seu público se recusava a ser convencido do que prestavam aos outros fatos.

O mundo interno do governo, com sua burocracia, de um lado, e sua vida social, de outro, tornou o autoengano relativamente fácil. Nenhuma torre de marfim de acadêmicos jamais preparou melhor a mente para ignorar os fatos da vida do que os vários *think tanks* para os resolvedores de problema e a reputação da Casa Branca para os conselheiros do presidente. Foi nessa atmosfera, na qual a derrota era menos temida do que admitir a derrota, que as afirmações errôneas sobre os desastres da ofensiva do Tet e a invasão do Camboja foram forjadas. Mas o que é ainda mais importante é que a verdade sobre assuntos tão decisivos possa ter sido acobertada com sucesso nesses círculos internos – mas em nenhum outro lugar – por preocupações acerca de como evitar se tornar "o primeiro presidente norte-americano a perder uma guerra" e pela sempre presente preocupação com as próximas eleições.

No que diz respeito à resolução de problemas, em contraste com a gestão de relações públicas, o autoengano, mesmo o "autoengano interno", não é uma resposta satisfatória para a pergunta "Como eles puderam?". O autoengano ainda pressupõe uma distinção entre verdade e falsidade, entre fato e fantasia, e, portanto, um conflito entre o mundo real e o enganador autoiludido que desaparece em um mundo completamente desfactualizado; Washington e sua extensa burocracia governamental, assim como os vários *think tanks* do país, proporcionam aos resolvedores de problema um habitat natural para a mente e o corpo. No domínio da política, no qual sigilo e engano deliberado sempre desempenharam um papel significativo, o autoengano é o perigo por excelência; o enganador autoiludido perde todo contato não apenas com seu público, mas também com o mundo real, que ainda vai alcançá-lo, porque ele pode remover sua mente do mundo, mas não seu corpo. Os resolvedores de problema que sabiam de todos os fatos regularmente apresentados a eles nos relatórios da comunidade de inteligência tinham apenas que confiar em suas técnicas compartilhadas, isto é, nas várias maneiras de traduzir qualidades e conteúdos em quantidades e números com os quais calcular desfechos – que então, inexplicavelmente, nunca se concretizavam – para eliminar, entra dia, sai dia, o que sabiam ser real. A razão pela qual isso pôde funcionar por tantos anos é precisamente porque "as metas perseguidas pelo governo dos Estados Unidos eram quase exclusivamente psicológicas",[72] isto é, assuntos da mente.

Lendo os memorandos, as opções, os roteiros, o modo como porcentagens são atribuídas aos potenciais riscos e ganhos – "riscos demais para pouco retorno"[73] – de ações ponderadas, às vezes temos a impressão de que um computador, em vez de "tomadores de decisão", tinha sido posto à solta no Sudeste Asiático. Os resolvedores de problema não *julgavam*; eles calculavam. Sua autoconfiança não precisava nem mesmo de autoengano para ser sustentada em meio a tantos erros de julgamento, uma vez que ela se apoiava na evidência da verdade puramente racional, matemática. Exceto, é claro, que essa "verdade" era completamente irrelevante para o "problema" em mãos. Se, por exemplo, pode ser calculado que o desfecho de certa ação é "menos provável de ser uma guerra geral do que mais provável",[74] não se segue que podemos optar por ela mesmo se a proporção for oitenta para vinte, por causa da enormidade e da *qualidade incalculável* do risco; e o mesmo é verdadeiro quando as chances de reforma no governo de Saigon *versus* a "possibilidade de que acabássemos como a França em 1954" são de 70% para 30%.[75] Esta é uma boa perspectiva para um apostador, não para um estadista,[76] e mesmo o apostador seria mais bem aconselhado a levar em conta o que ganho ou perda realmente significam para ele na vida diária. Perda pode significar ruína total e ganho não mais que alguma melhora bem-vinda,

---

72 Barnet in Stavins, Barnet, Raskin, op. cit., p. 209.

73 *The Pentagon Papers*, p. 576.

74 Ibidem, p. 575.

75 Ibidem, p. 98.

76 Leslie H. Gelb sugere com toda a seriedade que a mentalidade dos "nossos líderes" foi formada pelo fato de que, "tendo suas próprias carreiras sido uma série de apostas bem-sucedidas, eles esperavam de alguma forma poder repetir isso no Vietnã". *Life*, op. cit.

mas não essencial, de suas relações financeiras. Apenas se nada importante está em jogo para o apostador – não é provável que um pouco de dinheiro a mais ou a menos faça diferença no seu padrão de vida – ele pode seguramente confiar no jogo percentual. O problema com nossa condução da guerra no Vietnã do Sul foi que nunca existiu tal controle, dado pela própria realidade, nas mentes tanto dos tomadores de decisão quanto na dos resolvedores de problema.

É de fato verdadeiro que a política norte-americana não perseguia nenhuma meta real, boa ou má, que pudesse limitar e controlar a pura fantasia: "Nem vantagem territorial nem econômica tem sido perseguida no Vietnã. O propósito de todo esse enorme e custoso esforço foi criar um estado mental específico".[77] E a razão para que tais meios excessivamente custosos – custosos em vidas humanas e em recursos materiais – tivessem permissão para serem usados para fins politicamente tão irrelevantes deve ser procurada não meramente na desafortunada superabundância nesse país, mas em sua inabilidade para compreender que mesmo um grande poder é um poder *limitado*. Por trás do clichê constantemente repetido da "mais poderosa potência da terra", espreitava o perigoso mito da onipotência.

Assim como Eisenhower foi o último presidente que sabia que teria de requisitar "autoridade do Congresso para enviar tropas americanas à Indochina", também sua administração foi a última a estar ciente de que "a alocação de forças armadas dos Estados Unidos mais do que simbólicas naquela área seria um sério desvio das *limitadas* capacidades dos Estados Unidos" (ênfase nossa).[78] Apesar de todos os cálculos posteriores de "custos, retornos e riscos" de certos atos, os calculadores permaneceram totalmente ignorantes acerca de qualquer limitação absoluta, não psicológica. Os limites que eles percebiam eram a mente das pessoas, quanto ela toleraria em perdas de vidas norte-americanas, que não poderiam ser maiores do que, por exemplo, as perdas em acidentes de trânsito. Mas aparentemente nunca ocorreu a eles que há limites nos recursos que mesmo este país pode desperdiçar sem ir à falência.

---

77 Barnet in Stavins, Barnet, Raskin, op. cit., p. 209.

78 *The Pentagon Papers*, p. 5 e 13.

Essa combinação mortal de "arrogância do poder" – a busca de uma mera imagem de onipotência, distinta de uma meta de conquista do mundo, a ser alcançada mediante recursos ilimitados inexistentes – com a arrogância da mente, uma confiança totalmente irracional na possibilidade de a realidade ser calculada, torna-se o leitmotiv dos processos de tomada de decisão desde o início da escalada em 1964. Isso, contudo, não quer dizer que os rigorosos métodos de desfactualização dos resolvedores de problema estão na raiz dessa marcha contínua para a autodestruição.

Os resolvedores de problema, que perderam a cabeça porque confiaram nos poderes de cálculo de seus cérebros à custa da capacidade da mente para a experiência e sua habilidade para aprender com ela, foram precedidos pelos ideólogos do período da Guerra Fria. O anticomunismo – não a antiga, muitas vezes preconceituosa hostilidade dos Estados Unidos contra o socialismo e o comunismo, tão forte nos anos 1920 e ainda um sustentáculo do Partido Republicano durante a administração Roosevelt, mas a ideologia abrangente do pós-guerra – foi originalmente invenção de ex-comunistas que precisavam de uma nova ideologia com a qual explicar e predizer de forma confiável o curso da história. Essa ideologia esteve na raiz de todas as "teorias" em Washington desde o fim da Segunda Guerra Mundial. Eu mencionei até que ponto a pura ignorância em relação a todos os fatos pertinentes e a negligência deliberada em relação aos desenvolvimentos do pós-guerra se tornaram a principal marca da doutrina estabelecida dentro do *establishment*. Eles não precisavam de fatos, de informações; eles tinham uma "teoria", e todos os dados que não se encaixavam eram negados ou ignorados.

Os métodos dessa geração mais velha – os métodos do sr. Rusk, diferentemente dos do sr. McNamara – eram menos complicados, menos inteligentes, por assim dizer, do que aqueles dos resolvedores de problema, mas não menos eficazes em proteger os seres humanos do impacto da realidade e em arruinar a capacidade da mente para julgar e aprender. Esses homens se orgulhavam por terem aprendido com o passado – com o domínio de Stálin sobre todos os partidos comunistas, de onde a noção de "comunismo monolítico", e com Hitler ter começado uma guerra mundial depois de Munique, do que concluíram que todo gesto de reconciliação era uma "segunda Munique". Eram incapazes de confrontar a realidade em seus próprios termos porque sempre tinham alguns paralelos em mente que os "ajudavam" a compreender aqueles termos. Quando Johnson, ainda na condição de vice-presidente de Kennedy, voltou para casa de uma visita de inspeção no Vietnã do Sul e alegremente relatou que Diem era o "Churchill da Ásia", seria de pensar que o jogo de paralelismos morreria ferido pelo puro absurdo, mas não foi o caso. Nem podemos dizer que os críticos de esquerda da guerra pensavam em termos diferentes. A margem extrema tinha a infeliz inclinação de denunciar como "fascista" ou "nazista", muitas vezes com razão, tudo aquilo que os desagradava, e de chamar todo massacre de genocídio, o que obviamente não era. Isso só poderia ajudar a produzir uma mentalidade que estava bastante disposta a tolerar massacres e outros crimes de guerra desde que não fossem genocídio.

Os resolvedores de problema estavam extraordinariamente livres dos pecados dos ideólogos; acreditavam em métodos, mas não em "visões de mundo", o que, a propósito, é a razão pela qual foi possível contar com eles "para juntar o registro documental do Pentágono sobre o envolvimento norte-americano"[79] de um modo que seria "enciclopédico e objetivo".[80] Mas, embora não acreditassem em tais fundamentações geralmente aceitas para políticas como a teoria do dominó, essas fundamentações, com seus diferentes métodos de desfactualização, forneceram a atmosfera e o pano de fundo contra o qual os resolvedores de problema então foram trabalhar. Afinal, tinham que convencer os guerreiros frios, cujas mentes então se mostraram singularmente bem preparadas para os jogos abstratos que tinham a oferecer.

Como os guerreiros frios procederam quando deixados por sua própria conta é bem ilustrado por uma das "teorias" de Walt Rostow, o "intelectual dominante" da administração Johnson. Foi a "teoria" de Rostow que se tornou uma das principais fundamentações para a decisão de bombardear o Vietnã do Norte contra as recomendações dos "então analistas de sistemas de prestígio de McNamara no Departamento de Defesa". Sua teoria pareceu ter se apoiado na visão de Bernard Fall, um dos observadores mais perspicazes e um dos críticos da guerra

---

79 Ibidem, p. xx.

80 Ibidem, p. xviii.

mais bem informados, que tinha sugerido que "Ho Chi Minh *pode* repudiar a guerra no Sul se algumas de suas novas plantas industriais forem feitas de alvo" (ênfase nossa).[81] Essa era uma hipótese, uma possibilidade real, que tinha de ser confirmada ou refutada. Mas a observação teve a má sorte de se encaixar bem nas teorias de Rostow sobre guerra de guerrilha, e foi agora transformada em um "fato": o presidente Ho Chi Minh "tem um complexo industrial a proteger; ele não é mais um combatente de guerrilha sem nada a perder".[82] Em retrospectiva, isso parece, aos olhos do analista, um "erro de julgamento colossal".[83] Mas o ponto é que o "erro de julgamento" só pôde se tornar "colossal" porque ninguém desejou corrigi-lo a tempo. Revelou-se muito rapidamente que o país não era suficientemente industrializado para sofrer com ataques aéreos em uma guerra *limitada* cujo objetivo, mudando ao longo dos anos, nunca foi a destruição do inimigo, mas, caracteristicamente, "quebrar sua vontade". E a vontade do governo em Hanói, quer os vietnamitas do Norte possuíssem ou não o que na visão de Rostow era uma qualidade necessária ao guerrilheiro, recusou-se a ser "quebrada".

Sem dúvida, esse fracasso em distinguir entre uma hipótese plausível e o fato que deve confirmá-la – isto é, esse lidar com hipóteses e meras "teorias" como se fossem fatos estabelecidos –, que se tornou endêmico nas ciências sociais e psicológicas durante o período em questão, carece de todo rigor dos métodos usados pelos teóricos de jogos e analistas de sistemas. Mas a fonte de ambos – a saber, a inabilidade ou a falta de vontade de consultar a experiência e aprender com a realidade – é a mesma.

Isso nos traz à raiz do assunto que, ao menos parcialmente, pode conter a resposta para a questão: como eles puderam não apenas começar essas políticas, mas levá-las ao seu amargo e absurdo fim? A desfactualização e a resolução de problemas foram bem-vindas porque o desprezo pela realidade era inerente às próprias políticas e metas. O que eles tinham que saber sobre como a Indochina realmente era, quando ela não passava de um "caso piloto" ou um dominó, ou um meio para "conter a China", ou provar que nós *somos* a mais poderosa das superpotências?

---

81 Barnet in Stavins, Barnet, Raskin, op. cit., p. 212.

82 *The Pentagon Papers*, p. 241.

83 Ibidem, p. 469.

Ou tome o caso do bombardeio ao Vietnã do Norte com o propósito ulterior de elevar o moral no Vietnã do Sul,[84] sem muita intenção de conquistar uma vitória inequívoca e terminar a guerra. Como eles poderiam estar interessados em algo tão real quanto a vitória se deram continuidade à guerra não para ganho territorial ou vantagem econômica, menos ainda para ajudar um amigo ou manter um compromisso, e nem mesmo para a realidade, distinta da imagem, do poder?

Quando esse estágio do jogo foi alcançado, a premissa inicial de que nós nunca deveríamos nos importar com a região ou com o país em si – inerente à teoria do dominó – se transformou em "nunca se importe com o inimigo". E isso no meio de uma guerra! O resultado foi que o inimigo, pobre, abusado e sofrido, se fortaleceu, enquanto "o mais poderoso país" enfraqueceu a cada ano. Há historiadores hoje que sustentam que Truman lançou a bomba sobre Hiroshima para assustar os russos e fazê-los sair da Europa Oriental (com o resultado que conhecemos). Se isso for verdade, como bem pode ser, então podemos rastrear os primórdios do desprezo pelas consequências reais da ação em favor de alguma meta calculada ulterior até o fatídico crime de guerra que pôs fim à última guerra mundial. A doutrina Truman, de qualquer maneira, "retratava um mundo repleto de dominós", como apontou Leslie H. Gelb.

V

No início desta análise, tentei sugerir que os aspectos dos Documentos do Pentágono que eu escolhi, os aspectos do engano, do autoengano, da criação de imagem, da ideologização e da desfactualização, não são de modo algum as únicas características dos documentos que merecem ser estudadas e com as quais podemos aprender. Há, por exemplo, o fato de que esse esforço massivo e sistemático de autoexame foi encomendado por um dos principais atores, de que trinta e seis homens puderam ser encontrados para compilar os documentos e escrever suas análises, vários dos quais "haviam ajudado a desenvolver ou executar as políticas

84 Ibidem, p. 312.

que foram convidados a avaliar",[85] de que um dos autores, quando se tornou evidente que ninguém no governo estava disposto a usar ou até mesmo ler os resultados, foi a público e os vazou para a imprensa, e de que, finalmente, os mais respeitáveis jornais do país ousaram trazer materiais marcados como "ultrassecretos" à atenção mais ampla possível. Foi dito corretamente por Neil Sheehan que a decisão de Robert McNamara de encontrar o que deu errado, e por quê, "pode vir a ser uma das mais importantes decisões em seus sete anos no Pentágono".[86] Isso certamente restaurou, ao menos por um momento fugaz, a reputação desse país no mundo. O que tinha acontecido de fato dificilmente poderia ter acontecido em outro lugar. É como se todas essas pessoas, envolvidas em uma guerra injusta e certamente comprometidas por ela, tivessem de repente lembrado do que devem ao "decente respeito pelas opiniões da humanidade" de seus antepassados.

O que exige um estudo mais detido e mais detalhado é o fato, bastante comentado, de que os Documentos do Pentágono revelaram poucas notícias significativas que não estavam à disposição do leitor médio de diários e semanários; nem há quaisquer argumentos, a favor ou contra, na "História do processo de tomada de decisão dos Estados Unidos sobre a política vietnamita", que não tenham sido debatidos publicamente por anos em revistas, programas de televisão e transmissões de rádio. (Posições pessoais e suas mudanças à parte, as diferentes visões da comunidade de inteligência sobre questões básicas foram o único assunto geralmente desconhecido.) Que o público tenha tido acesso por anos ao material que o governo tentou em vão manter longe dele atesta a integridade e o poder da imprensa ainda mais vigorosamente do que o modo pelo qual o *Times* publicou a história. O que muitas vezes se sugeriu agora foi estabelecido: contanto que a imprensa seja livre e não corrupta, ela tem uma função de enorme importância a cumprir e pode corretamente ser chamada de quarto poder do governo. Se a Primeira Emenda[87] será suficiente para proteger essa liberdade política mais

85 Ibidem, p. xviii.

86 Ibidem, p. ix.

87 A Primeira Emenda da Constituição Americana decreta a liberdade religiosa, de expressão e da imprensa e o direito de manifestação. [N.E.]

essencial, o direito à informação factual não manipulada sem a qual toda liberdade de opinião se torna uma farsa cruel, é outra questão.

Há, finalmente, uma lição a ser aprendida por aqueles que, como eu, acreditaram que esse país havia embarcado numa política imperialista, que havia esquecido completamente de seus antigos sentimentos anticoloniais e que talvez estivesse conseguindo estabelecer aquela Pax Americana que o presidente Kennedy havia denunciado. Sejam quais forem os méritos dessas suspeitas, e elas poderiam ser justificadas por nossas políticas na América Latina, se pequenas guerras não declaradas – operações agressivas menores em terras estrangeiras – estão entre os meios necessários para alcançar fins imperialistas, os Estados Unidos serão menos capazes de empregá-las com sucesso do que quase qualquer outra grande potência. Pois enquanto a desmoralização das tropas norte-americanas alcançou até agora proporções sem precedentes – de acordo com a revista *Der Spiegel*, durante o último ano 89.088 desertores, 100 mil objetores de consciência e dezenas de milhares de viciados em drogas[88] –, o processo de desintegração das forças armadas começou muito antes e foi precedido por desenvolvimentos similares durante a Guerra da Coreia.[89] É só conversar com alguns dos veteranos dessa guerra – ou ler o relato objetivo e revelador de Daniel Lang na revista *The New Yorker*[90] sobre o desenvolvimento de um caso bastante típico – para perceber que para esse país levar políticas agressivas e aventureiras ao sucesso teria de haver uma mudança decisiva no "caráter nacional" do povo norte-americano. O mesmo poderia naturalmente ser concluído da força extraordinária, altamente qualificada e bem organizada da oposição que vez por outra surgiu internamente. Os vietnamitas do Norte que assistiram atentamente a esses desenvolvimentos ao longo dos anos sempre colocaram suas esperanças nela, e parece que estavam certos em sua avaliação.

Não há dúvida de que tudo isso pode mudar. Mas uma coisa ficou clara nos meses recentes: as hesitantes tentativas do governo de contornar garantias constitucionais e intimidar aqueles que decidiram não

88 *Der Spiegel*, número 35, 1971.

89 Eugene Kindead, "Reporter at Large", *The New Yorker*, 26 de outubro de 1957.

90 *The New Yorker*, 4 de setembro de 1971.

ser intimidados, que prefeririam ir para a prisão a ver suas liberdades atacadas, não são suficientes e provavelmente não serão suficientes para destruir a República. Há razões para ter esperanças, com o veterano do sr. Lang – um dos 2 milhões e meio da nação –, de "que o país pode recuperar seu melhor lado como um resultado da guerra. 'Eu sei que não é algo em que apostar', ele disse, 'mas também não consigo pensar em nada mais'".[91]

91 Ibidem.

DESOBEDIÊNCIA CIVIL

Na primavera de 1970, a Ordem dos Advogados da cidade de Nova York celebrou seu centenário com um simpósio sobre a desoladora questão "A lei está morta?". Seria interessante saber o que precisamente inspirou esse grito de desespero. Foi o desastroso crescimento do crime nas ruas ou a percepção mais profunda de que "a enormidade do mal expressada nas tiranias modernas minou qualquer simples fé na importância central da fidelidade à lei", em acréscimo à "ampla evidência de que campanhas habilmente organizadas de desobediência civil podem ser muito efetivas em assegurar mudanças desejáveis na lei"?[1] De qualquer modo, os tópicos sobre os quais os participantes foram convidados por Eugene V. Rostow a preparar suas apresentações claramente encorajaram uma perspectiva um pouco mais luminosa. Um deles propôs uma discussão sobre "a relação moral do cidadão com a lei em uma sociedade de consentimento", e as observações que se seguem são em resposta a isso. A literatura sobre o assunto se baseia em larga medida em dois homens famosos na prisão: Sócrates, em Atenas, e Thoreau, em Concord. A conduta deles é a alegria dos juristas, porque parece provar que a desobediência à lei pode ser justificada apenas se o infrator está disposto e até mesmo ávido por aceitar ser punido por seu ato. Há poucos que não concordariam com a posição do senador Philip A. Hart: "Qualquer tolerância que eu possa sentir em relação ao desobediente

1 Ver Graham Hughes, "Civil Disobedience and the Political Question Doctrine", in *New York University Law Review*, 43:2 (março de 1968).

depende de sua disposição em aceitar qualquer punição que a lei possa impor".[2] Esse argumento remonta ao entendimento popular, talvez um entendimento equivocado, a respeito de Sócrates, mas sua plausibilidade neste país parece ser muito fortalecida por "uma das mais sérias peculiaridades de nossa lei [mediante a qual um indivíduo] é encorajado, ou em certo sentido obrigado, a estabelecer um significativo direito legal por meio de um ato pessoal de desobediência civil".[3] Essa peculiaridade deu origem a um estranho e, como veremos, não totalmente feliz casamento teórico da moralidade com a legalidade, da consciência com a lei do país.

Uma vez que "nosso sistema legislativo dual admite a possibilidade de que a lei estadual seja inconsistente com a lei federal",[4] o movimento de direitos civis em seus estágios iniciais, embora claramente em desobediência a decretos e portarias, assim como às leis do Sul, podia de fato ser compreendido como tendo feito não mais do que "apelar, em nosso sistema federal, por cima da lei e a autoridade do estado, à lei e à autoridade da nação". Não havia, dizem-nos – apesar de um século de não aplicação –, "nem a mínima dúvida real de que os decretos e as portarias [dos estados] eram inválidos sob a lei federal" e de que "a oposição à lei

---

2 Em *To Establish Justice, to Insure Domestic Tranquility*, Relatório Final da Comissão Nacional sobre as Causas e a Prevenção da Violência, dezembro de 1969, p. 108. Sobre o uso de Sócrates e Thoreau nessas discussões, ver também Eugene V. Rostow, "The Consent of the Governed", em *The Virginia Quarterly*, outono de 1968.

3 É o que faz Edward H. Levi em "The Crisis in the Nature of Law", na Ata da Associação da Ordem dos Advogados da Cidade de Nova York, março de 1970. O sr. Rostow, ao contrário, sustenta que "é um erro comum pensar em tais violações da lei como atos de desobediência à lei" (op. cit.), e Wilson Carey McWilliams, em um dos mais interessantes ensaios sobre o tema – "Civil Disobedience and Contemporary Constitutionalism", em *Comparative Politics*, vol. I, 1969 –, parece concordar por implicação. Destacando que as tarefas do tribunal "dependem, em parte, da ação pública", ele conclui: "O Tribunal age, de fato, para autorizar a desobediência à autoridade que é legítima nos demais assuntos, e quem vai tirar vantagem de suas autorizações depende dos cidadãos" (p. 216). Não consigo ver como isso remediaria a "peculiaridade" do sr. Levi; o cidadão infrator que deseja persuadir os tribunais a pronunciar-se sobre a constitucionalidade de algum estatuto deve estar disposto a pagar o preço pelo ato como qualquer outro infrator – ou até que o tribunal decida o caso, ou na eventualidade de decidir contra ele.

4 Nicholas W. Puner, "Civil Disobedience: An Analysis and Rationale", in *New York University Law Review*, 43:714 (outubro de 1968).

estava inteiramente do outro lado".[5] À primeira vista, os méritos dessa construção parecem consideráveis. A principal dificuldade dos juristas em estabelecer uma compatibilidade da desobediência civil com o sistema legal do país, isto é, que "a lei não pode justificar a violação da lei",[6] parece engenhosamente solucionada pela dualidade da lei norte-americana e pela identificação da desobediência civil com a violação de uma lei com o propósito de testar sua constitucionalidade. Há também a vantagem adicional, ou assim parece, de que, por causa de seu sistema dual, a lei norte-americana, diferentemente de outros sistemas legais, encontrou um lugar não fictício e visível para essa "lei superior" na qual "de uma forma ou de outra a jurisprudência continua insistindo".[7]

Exigiria muita ingenuidade defender essa doutrina em bases teóricas: a situação do indivíduo que testa a legitimidade de uma lei violando-a é "apenas marginalmente, se é que o é, de desobediência civil";[8] e o desobediente que age com forte convicção moral e apela a uma "lei maior" achará muito estranho se lhe for pedido para reconhecer as várias decisões da Suprema Corte ao longo dos séculos como inspiradas por essa lei acima de todas as leis cuja principal característica é a imutabilidade. Em bases factuais, de qualquer maneira, a doutrina foi refutada quando os desobedientes civis do movimento pelos direitos civis suavemente se tornaram os resistentes do movimento antiguerra, que claramente desobedeceram à lei federal, e essa refutação se tornou final quando a Suprema Corte se recusou a se pronunciar sobre a legalidade da guerra no Vietnã por causa da "doutrina da questão política", isto é, precisamente pela mesma razão pela qual leis inconstitucionais haviam sido toleradas sem o mínimo impedimento por tanto tempo.

Entretanto, o número de desobedientes civis ou de potenciais desobedientes civis – isto é, de pessoas que se voluntariaram para manifestações em Washington – tem crescido firmemente, e com ele a inclinação do governo ou para tratar os manifestantes como criminosos comuns,

5 Charles L. Black, "The Problem of the Compatibility of Civil Disobedience with American Institutions of Government", in *Texas Law Review*, 43:496 (março de 1965).

6 Ver, na edição especial da *Rutgers Law Review* (vol. 21, outono de 1966) sobre "Civil Disobedience and the Law", Carl Cohen, p. 8.

7 Ibid., Harrop A. Freeman, p. 25.

8 Ver Graham Hugues, op. cit., p. 4.

ou para exigir a prova suprema de "autossacrifício": o desobediente que violou uma lei válida deve "receber de bom grado sua punição". (Harrop A. Freeman apontou muito bem o absurdo dessa exigência do ponto de vista de um advogado: "Nenhum advogado vai ao tribunal e diz: 'Excelência, este indivíduo quer ser punido'".)[9] E a insistência nessa alternativa inadequada e infeliz talvez seja apenas natural "em um período de turbulência", quando "a distinção entre tais atos [nos quais um indivíduo viola a lei para testar sua constitucionalidade] e violações comuns torna-se muito mais frágil", e quando é "o poder legislativo nacional", e não leis as locais, que está sendo desafiado.[10]

Sejam quais forem as reais causas do período de turbulência – e elas são, claro, factuais e políticas –, as atuais confusão, polarização e ressentimento crescentes de nossos debates são também causados por um fracasso teórico em aceitar e compreender o verdadeiro caráter do fenômeno. Sempre que os juristas tentam justificar o desobediente civil em bases morais e legais, eles constroem seu caso à imagem ou do objetor de consciência[11] ou do indivíduo que testa a constitucionalidade de um estatuto. O problema é que a situação do desobediente civil não suporta nenhuma analogia com nenhum dos dois, pela simples razão de que ele nunca existe como um único indivíduo; ele só pode funcionar e sobreviver como membro de um grupo. Isso é pouco admitido, e, mesmo nesses raros casos, apenas mencionado de passagem; "a desobediência civil praticada por um único indivíduo provavelmente não terá muito efeito. Ele será visto como um excêntrico mais interessante de observar do que de suprimir. A desobediência civil significativa, portanto, será praticada por um número de pessoas que tenham uma comunidade de

---

9 *Rutgers Law Review*, op. cit., p. 26, em que Freeman argumenta contra a opinião de Carl Cohen: "Porque o desobediente civil atua no âmbito de um arcabouço legal cuja legitimidade ele aceita, essa punição legal é mais do que uma consequência possível de seu ato – é sua culminância natural e devida [...] Ele demonstra assim sua vontade até mesmo de sacrificar a si mesmo em nome dessa causa" (ibid., p. 6).

10 Ver Edward H. Levi, op. cit., e Nicholas W. Puner, op. cit., p. 702.

11 O objetor de consciência é alguém que se nega a praticar atos que afrontam determinações religiosas, morais ou filosóficas, por exemplo, o serviço militar (porque não aceita a possibilidade de praticar quaisquer atos de violência contra um semelhante), a doação de órgãos etc. [N.T.]

interesses".[12] No entanto, uma das principais características do ato em si, já visível no caso dos Freedom Riders,[13] qual seja, a "desobediência indireta" – em que são violadas leis (por exemplo, regras de trânsito) que o desobediente considera inquestionáveis em si mesmas para protestar contra portarias injustas ou políticas governamentais e ordens executivas –, pressupõe uma ação em grupo (imagine um único indivíduo desrespeitando as leis de trânsito!) e tem sido corretamente chamada de desobediência "no sentido estrito".[14]

É precisamente essa "desobediência indireta", que não faria sentido nenhum quer no caso do objetor de consciência ou no do indivíduo que viola uma lei específica para testar sua constitucionalidade, que parece legalmente injustificável. Logo, devemos distinguir entre objetores de consciência e desobedientes civis. Estes últimos são na verdade minorias organizadas, unidas antes por uma opinião comum do que por um interesse comum, e pela decisão de tomar uma posição contrária às políticas do governo mesmo que tenham motivos para presumir que essas políticas são apoiadas pela maioria; seus atos combinados surgem do acordo mútuo, e é esse acordo que empresta crédito e convicção para sua opinião, não importando como eles originalmente podem ter chegado a ela. Argumentos apresentados em defesa da consciência individual ou de atos individuais, isto é, imperativos morais e apelos a uma "lei superior", seja ela secular ou transcendente,[15] são inadequados quando aplicados à

---

12 Nicholas W. Puner, op. cit., p. 714.

13 Os *Freedom Riders* eram estudantes ativistas do Congresso de Igualdade Racial (Congress of Racial Equality – Core) que já em 1947 organizavam viagens de ônibus para o Sul do país em protesto contra a segregação racial. No começo dos anos 1960, foram muito importantes para o movimento pelos direitos civis. [N.T.]

14 Marshall Cohen, "Civil Disobedience in a Constitutional Democracy", in *The Massachusetts Review*, 10: 211-226, primavera de 1969.

15 Norman Cousins estabeleceu uma série de passos na qual o conceito de uma lei superior puramente secular funcionaria:

"Se há um conflito entre a segurança do Estado soberano e a segurança da comunidade humana, a comunidade humana vem primeiro.

"Se há um conflito entre o bem-estar da nação e o bem-estar da humanidade, o bem-estar da humanidade vem primeiro.

"Se há um conflito entre as necessidades desta geração e as necessidades de gerações seguintes, as necessidades das gerações seguintes vêm primeiro.

desobediência civil; nesse nível, será não apenas "difícil", mas impossível "evitar que a desobediência civil seja uma filosofia da subjetividade [...] intensa e exclusivamente pessoal, de modo que qualquer indivíduo, por qualquer razão, possa desobedecer".[16]

I

As imagens de Sócrates e Thoreau ocorrem não apenas na literatura sobre nosso assunto, mas também, e de modo mais importante, nas mentes dos próprios desobedientes civis. Para aqueles que foram criados na tradição da consciência ocidental – e quem não foi? – parece natural pensar sobre seu acordo com os outros como secundário em relação a uma decisão solitária *in foro conscientiae*, como se o que eles tivessem em comum com os outros não fosse de modo algum uma opinião ou um julgamento, mas uma consciência comum. E, uma vez que os argumentos usados para sustentar essa posição são geralmente sugeridos por reminiscências mais ou menos vagas do que Sócrates e Thoreau tinham a dizer sobre a "relação moral do cidadão com a lei", pode ser melhor começar estas considerações com um breve exame do que esses dois homens realmente tinham a dizer a respeito do assunto.

Quanto a Sócrates, o texto decisivo é, claro, *Críton*, de Platão, e os argumentos apresentados lá são muito menos inequívocos e certamente menos úteis para a exigência de alegre submissão ao castigo do que os livros didáticos de direito e de filosofia nos dizem. Há primeiro o fato de que Sócrates, durante seu julgamento, nunca desafiou as leis

---

"Se há um conflito entre os direitos do Estado e os direitos humanos, os direitos humanos vêm primeiro. O Estado justifica sua existência apenas na medida em que serve e salvaguarda os direitos humanos.

"Se há um conflito entre édito público e consciência privada, a consciência privada vem primeiro.

"Se há um conflito entre o sentido fácil da prosperidade e a provação da paz, a provação da paz deve vir primeiro" (*A Matter of Life*, 1963, p. 83-84, citado em *Rutgers Law Review*, op. cit., p. 26).

Acho muito difícil convencer-se dessa compreensão da lei superior "em termos de primeiros princípios", como Cousins pensa nessa enumeração.

16 Nicholas W. Puner, op. cit., p. 708.

em si – apenas esse particular erro de justiça, ao qual se referiu como o "acidente" ($\tau\acute{\upsilon}\chi\eta$) que tinha acontecido com ele. Seu infortúnio pessoal não lhe dava o direito de "violar seus contratos e acordos" com as leis; seu embate não era com as leis, mas com os juízes. Além disso, como Sócrates apontou a Críton (que tentou persuadi-lo a escapar e ir para o exílio), no momento do julgamento, as próprias leis haviam oferecido a ele essa escolha: "Naquela época você poderia ter feito com o consentimento do Estado o que está tentando fazer agora sem ele. Mas então você glorificou sua disposição para morrer. Você disse que preferia a morte ao exílio" (52). Também sabemos, da *Apologia*, que ele teve a opção de desistir de seu exame público das coisas, o que sem dúvida semeou incertezas sobre costumes e crenças estabelecidas, e que outra vez ele havia preferido a morte, pois "uma vida não examinada não vale a pena ser vivida". Isto é, Sócrates não teria honrado suas próprias palavras se tivesse tentado escapar; ele teria desfeito tudo o que havia feito durante seu julgamento – teria "confirmado os juízes em sua opinião, e feito parecer que seu veredito era justo" (53). Ele devia *a si mesmo*, assim como aos cidadãos aos quais havia se dirigido, ficar e morrer. "É o pagamento de uma dívida de honra, o pagamento de um cavalheiro que perdeu uma aposta e que paga, porque de outra forma não conseguiria viver consigo mesmo. Tinha de fato havido um contrato, e a noção de um contrato permeia a segunda metade de *Críton*, mas [...] o contrato que é vinculante é [...] *o compromisso envolvido no tribunal*" (ênfase nossa).[17]

O caso de Thoreau, embora muito menos dramático (ele passou uma noite na prisão por se recusar a pagar imposto para um governo que permitia a escravidão, mas permitiu que sua tia o pagasse na manhã seguinte), parece à primeira vista mais pertinente para nossos debates atuais, porque, em contraposição a Sócrates, ele protestou contra a injustiça das leis em si. O problema com esse exemplo é que em *A desobediência civil*, o famoso ensaio que se originou do incidente e fez do termo "desobediência civil" parte do nosso vocabulário político, ele defendeu seu caso não com base em uma relação moral do *cidadão* com

17 Ver a excelente análise de N. A. Greenberg, "Socrates' Choice in the *Crito*" (*Harvard Studies in Classical Philology*, vol. 70, nº 1, 1965), que prova que *Críton* pode ser compreendido apenas se lido em conjunto com a *Apologia*.

a lei, mas com base na consciência individual e na obrigação moral da consciência: "Não é dever de um ser humano, obviamente, devotar-se à erradicação de qualquer mal, mesmo do maior; ele pode ainda legitimamente estar envolvido com outras preocupações; mas é seu dever, pelo menos, lavá-lo das mãos, e, se deixar de pensar no assunto, não dar apoio prático ao que é errado". Thoreau não fingia que alguém que lavasse o mal das mãos faria o mundo melhor ou que alguém tinha qualquer obrigação de fazê-lo. Ele "veio ao mundo não principalmente para fazer deste um bom lugar para viver, mas para viver nele, seja ele bom ou mau". De fato, é assim que todos nós chegamos ao mundo – temos sorte se o mundo e a parte dele a que chegamos fica num bom lugar para viver no momento de nossa chegada, ou pelo menos um lugar no qual os erros cometidos não sejam "de tal natureza que exijam que você seja o agente de injustiça sobre outro". Pois apenas se este for o caso, "então, digo, viole a lei". E Thoreau estava certo: a consciência individual não exige mais do que isso.[18]

Aqui, como em outros lugares, a consciência é apolítica. Não está interessada primeiramente no mundo onde o erro é cometido ou nas consequências que o erro terá no futuro curso do mundo. Ela não diz, com Jefferson, "eu tremo *por meu país* quando reflito que Deus é justo; que Sua justiça não pode dormir para sempre",[19] porque a consciência treme pelo próprio eu (*self*) individual e sua integridade. Ela, portanto, pode ser muito mais radical e dizer, com Thoreau, "Este povo precisa parar de manter escravos, e de guerrear com o México, *embora isso custe a ele sua existência como um povo*" (ênfase nossa), enquanto para Lincoln "o objeto primordial", mesmo na luta pela emancipação dos escravos, permaneceu, como escreveu em 1862, "salvar a União, e [...] não salvar nem destruir a escravidão".[20] Isso não significa que Lincoln não tinha consciência da "monstruosa injustiça da escravidão em si", como ele a havia chamado oito anos antes. Significa que ele também estava ciente da distinção entre seu "dever oficial" e seu "desejo pessoal de que todos

18 Todas as citações são do texto "On the Duty of Civil Disobedience", de Thoreau (1849).

19 *Notes on the State of Virginia*, Query XVIII (1781-85).

20 Em sua famosa carta para Horace Greeley, citada aqui de Hans Morgenthau, *The Dilemnas of Politics*, Chicago, 1958, p. 80.

os seres humanos em todo lugar pudessem ser livres".[21] E essa distinção, se a tiramos das sempre complexas e equívocas circunstâncias históricas, é em última análise a mesma de Maquiavel quando disse "eu amo minha cidade natal mais do que minha própria alma".[22] A discrepância entre "dever oficial" e "desejo pessoal" no caso de Lincoln não indica falta de compromisso moral, assim como a discrepância entre cidade e alma não indica que Maquiavel era um ateu e não acreditava na salvação e danação eternas.

Esse possível conflito entre "o bom indivíduo" e "o bom cidadão" (de acordo com Aristóteles, o bom indivíduo poderia ser um bom cidadão apenas em um Estado bom; de acordo com Kant, mesmo "uma raça de demônios" poderia resolver com sucesso o problema de estabelecer uma constituição, "se eles forem inteligentes"), entre o eu (*self*) individual, com ou sem a crença em uma vida após a morte, e o membro da comunidade, ou, como diríamos hoje, entre moralidade e política, é muito antigo – mais antigo ainda do que a palavra "consciência", que na presente conotação é de origem relativamente recente. E quase igualmente antigas são as justificativas para a posição de ambos. Thoreau era consistente o bastante para reconhecer e admitir que estava aberto à acusação de irresponsabilidade, a mais antiga acusação contra "o bom indivíduo". Ele disse explicitamente que não era "responsável pelo bom funcionamento da máquina da sociedade", não era "o filho do engenheiro". O adágio *Fiat justicis et pereat mundus* (Que a justiça seja feita mesmo que o mundo pereça), que geralmente é evocado retoricamente contra os defensores da justiça absoluta, muitas vezes com o propósito de desculpar erros e crimes, expressa nitidamente a essência do dilema.

Contudo, a razão para que, "no nível da moralidade individual, o problema da desobediência à lei é totalmente intratável"[23] é ainda de uma ordem diferente. Os conselhos da consciência não são apenas apolíticos; eles são sempre expressos em declarações puramente subjetivas. Quando Sócrates afirmou que "é melhor sofrer o mal do que cometer o mal", ele claramente quis dizer que era melhor *para ele*, assim como era

---

21 Citado por Richard Hofstadter, *The American Political Tradition*, Nova York, 1948, p. 110.

22 Allan Gilbert (ed.), *The Letters of Machiavelli*, Nova York, 1961, carta 225.

23 *To Establish Justice...*, op. cit., p. 98.

melhor para ele "estar em desacordo com multidões do que, sendo um, estar em desacordo [consigo mesmo]".[24] Politicamente, ao contrário, o que conta é que um mal foi cometido. Para a lei é irrelevante quem se dá melhor com o resultado – o perpetrador ou o atingido. Nossos códigos legais distinguem entre crimes nos quais o indiciamento é obrigatório, porque a comunidade como um todo foi violada, e infrações nas quais apenas os perpetradores e os atingidos estão envolvidos, os quais podem ou não querer processar. No primeiro caso, o estado de espírito dos envolvidos é irrelevante, exceto na medida em que a intenção é parte do ato manifesto, ou circunstâncias atenuantes são levadas em conta. Não faz diferença se o atingido está disposto a perdoar ou se é totalmente improvável que o perpetrador o faça de novo.

Em *Górgias*, Sócrates não se dirige aos cidadãos, como faz na *Apologia* e, em apoio à *Apologia*, em *Críton*. Aqui, Platão deixa Sócrates falar como o filósofo que descobriu que os seres humanos têm relações não apenas com seus colegas, mas também com eles mesmos, e que esta última forma de relação – meu estar comigo mesmo e sozinho – prescreve algumas regras para a primeira. Essas são as regras da consciência, e elas são – como as que Thoreau anunciou em seu ensaio – inteiramente negativas. Elas não dizem o que fazer; dizem o que não fazer. Não definem princípios para a ação; estabelecem limites que os atos não devem ultrapassar. Dizem: não faça o mal, porque senão você terá que viver junto com um malfeitor. Platão, nos últimos diálogos (*Sofista* e *Teeteto*), aprofundou essa relação socrática do eu consigo mesmo e definiu o pensar como o diálogo sem som entre mim e eu mesmo. Existencialmente falando, esse diálogo, como todos os diálogos, exige que os parceiros sejam amigos. A validade das proposições socráticas depende do tipo de indivíduo que as profere e do tipo de indivíduo a que são endereçadas. Elas são verdades autoevidentes para o indivíduo desde que ele seja um ser pensante. Para os que não pensam, que não têm relação consigo mesmos, elas não são autoevidentes, nem podem ser provadas.[25] Aqueles

---

24 *Górgias*, 482 e 489.

25 Isso fica mais claro no Livro II da *República*, em que os próprios discípulos de Sócrates "podem pleitear a causa da injustiça de modo mais eloquente e ainda não estar eles próprios convencidos" (357-367). Eles estão e permanecem convencidos da justiça como

indivíduos – e eles são as "multidões" – podem alcançar um interesse adequado em si mesmos apenas, de acordo com Platão, acreditando em um futuro mítico com recompensas e punições.

Assim, as regras da consciência dependem totalmente do interesse no eu (*self*). Elas dizem: cuidado para não fazer algo com o que você não será capaz de viver. É o mesmo argumento que levou à "ênfase de Camus [...] na necessidade de resistência à injustiça *pela própria saúde e bem-estar do indivíduo que resiste*" (ênfase nossa).[26] O problema legal e político de tal justificativa é duplo. Primeiro, ela não pode ser generalizada. Para manter sua validade, ela deve permanecer subjetiva. Aquilo com o que eu não posso viver talvez não incomode a consciência de outra pessoa. O resultado é que uma consciência estará contra outra consciência. "Se a decisão de violar a lei realmente dependesse da consciência individual, é difícil ver na lei como o dr. King está em melhor posição do que o governador Ross Barnett, do Mississippi, que também acreditava profundamente em sua causa e estava disposto a ir para a prisão."[27] O segundo problema, talvez ainda mais sério, é que a consciência, se definida em termos seculares, pressupõe não apenas que o ser humano possui a faculdade inata de distinguir o certo do errado, mas também que está interessado em si mesmo, pois a obrigação surge apenas desse interesse. E esse tipo de autointeresse dificilmente pode ser tomado como garantido. Apesar de sabermos que seres humanos são capazes de pensar – de ter relações consigo mesmos –, não sabemos quantos se entregam a esse empreendimento bem pouco lucrativo. Tudo que podemos dizer é que o hábito de pensar, de refletir sobre o que estamos fazendo, independe da posição intelectual, educacional e social do indivíduo. A esse respeito, como em muitos outros, "o bom indivíduo" e "o bom cidadão" não são de modo algum o mesmo, e não apenas no sentido aristotélico. Bons indivíduos se manifestam apenas em emergências, quando de repente aparecem, como se do nada, em todos os estratos sociais. O

---

uma verdade autoevidente, mas os argumentos de Sócrates não são convincentes e mostram que com esse tipo de raciocínio a causa da injustiça também pode ser "provada".

26 Citado por Christian Bay, "Civil Disobedience", in *International Encyclopedia of the Social Sciences*, 1968, II, 486.

27 *To Establish Justice...*, op. cit., p. 99.

bom cidadão, ao contrário, deve ser notado; ele pode ser estudado, com o resultado não muito reconfortante de que, no fim das contas, ele pertence a uma pequena minoria: ele tende a ser educado e membro das classes sociais mais altas.[28]

Toda essa questão do peso político a ser atribuído às decisões morais – decisões tomadas *in foro conscientiae* – tem se complicado muito pelas associações originalmente religiosas e mais tarde secularizadas que a noção de consciência adquiriu sob a influência da filosofia cristã. Da forma como usamos a palavra hoje, tanto em assuntos morais quanto legais, a consciência supostamente está sempre presente em nós, como se ela fosse idêntica à consciência de si. (É verdade que foi necessário um longo tempo para a língua distinguir entre as duas, e em algumas línguas – francês, por exemplo – a separação de consciência e consciência de si nunca aconteceu.)[29] A voz da consciência era a voz de Deus e anunciava a Lei Divina, antes de se tornar a *lumen naturale* que informava os seres humanos a respeito de uma lei superior. Como a voz de Deus, dava prescrições positivas cuja validade se alicerçava no comando "Obedeça a Deus em vez de aos seres humanos" – um comando que era objetivamente vinculativo sem qualquer referência a instituições humanas e que podia ser colocado, como na Reforma, até mesmo contra o que se alegava ser a divinamente inspirada instituição da Igreja. Para ouvidos modernos, isso deve soar como "autocertificação", que "beira a blasfêmia" – a pretensão presunçosa de que se conhece a vontade de Deus e se está seguro de sua justificação final.[30] Não soou assim para o crente em um Deus criador que Se revelou para a única criatura que Ele criou à Sua própria imagem. Mas a natureza anárquica das consciências divinamente inspiradas, tão explicitamente manifesta nos primórdios da cristandade, não pode ser negada.

---

28 Wilson Carey McWilliams, op. cit., p. 223.

29 O que também acontece no português. A palavra *conscience* foi traduzida para "consciência" e a palavra *consciousness*, para "consciência de si", como em outros textos de Hannah Arendt. [N.T.]

30 Assim é para Leslie Dunbar, como citado em "On Civil Disobedience in Recent American Democratic Thought", por Paul F. Power, in *The American Political Science Review*, março 1970.

A lei, portanto – bastante tarde, e de forma alguma em todos os países –, reconheceu objetores de consciência de inspiração religiosa, mas os reconheceu apenas quando apelavam a uma Lei Divina que também era aclamada por um grupo religioso reconhecido, que não poderia ser ignorado por uma comunidade cristã. A atual crise profunda nas igrejas e o número crescente de opositores que alegam não ter nenhuma relação com qualquer instituição religiosa, quer aleguem ou não consciências divinamente informadas, criaram assim grandes dificuldades. Essas dificuldades não são suscetíveis de serem dissolvidas substituindo a submissão ao castigo pelo recurso a uma lei superior publicamente reconhecida e religiosamente sancionada. "A ideia de que cumprir a pena justifica violar a lei é derivada não de Gandhi e da tradição da desobediência civil, mas de Oliver Wendell Holmes e da tradição do realismo legal [...] Essa doutrina [...] é claramente absurda [...] no âmbito da lei criminal [...]. É estúpido supor que um assassinato, um estupro ou um incêndio criminoso seriam justificados apenas porque o perpetrador estaria disposto a cumprir a pena."[31] É lamentável que, aos olhos de muitos, um "elemento de autossacrifício" é a melhor prova da "intensidade da preocupação",[32] da "seriedade do desobediente e de sua fidelidade à lei",[33] pois o fanatismo inflexível geralmente é a marca registrada do maluco e, de qualquer modo, torna impossível uma discussão racional das questões em jogo.

Além disso, a consciência do crente que ouve e obedece à voz de Deus ou aos comandos da *lumen naturale* está muito longe da consciência estritamente secular – esse me conhecer e falar comigo que, na linguagem de Cícero, melhor do que mil testemunhas atesta os feitos que de outro modo poderiam permanecer desconhecidos para sempre. É essa consciência que encontramos em tal magnificência em *Ricardo III*. Ela não faz mais do que "enche um homem de obstáculos"; ela não está sempre com ele, mas o aguarda quando ele está sozinho, e perde o controle sobre ele quando a noite termina e ele volta para a companhia de seus pares. Apenas então, quando não está mais sozinho, ele dirá: "A

---

31 Marshall Cohen, op. cit., p. 214.

32 Carl Cohen, op. cit., p. 6.

33 Assim, Marshall Cohen, op. cit.

consciência é só uma palavra que os covardes usam,/ Inventada a princípio para manter os fortes amedrontados". O medo de estar sozinho e ter que encarar a si mesmo pode ser um dissuasor muito eficaz de malfeitos, mas esse medo, por sua própria natureza, não convence os outros. Não há dúvida de que mesmo esse tipo de objeção de consciência pode se tornar politicamente significativo quando acontece de um número de consciências coincidir e os objetores de consciência decidem adentrar o espaço público e se fazerem ouvir. Mas então não estamos mais lidando com indivíduos, ou com um fenômeno cujos critérios podem ser derivados de Sócrates ou Thoreau. O que tinha sido decidido *in foro conscientiae* agora se torna parte da opinião pública, e, apesar de esse grupo particular de desobedientes civis poder ainda reivindicar a validação inicial – suas consciências –, eles na verdade não dependem mais deles mesmos sozinhos. No espaço público, o destino da consciência não é muito diferente do destino da verdade do filósofo: torna-se uma opinião, indistinguível de outras opiniões. E a força da opinião não depende da consciência, mas do número daqueles com os quais está associada – "acordo unânime de que 'X' é um mal [...] acrescenta credibilidade a que 'X' é um mal".[34]

II

A desobediência à lei, civil e criminal, tem se tornado um fenômeno de massa nos anos recentes não apenas nos Estados Unidos, mas também em muitas outras partes do mundo. O desafio à autoridade estabelecida, religiosa e secular, social e política, como um fenômeno mundial, pode muito bem algum dia ser considerado o evento mais marcante da última década. De fato, "as leis parecem ter perdido seu poder".[35] Visto de fora e considerado em perspectiva histórica, não se poderia imaginar indício mais claro – nenhum sinal mais explícito da instabilidade e da vulnerabilidade internas dos governos e sistemas legais existentes. Se a história ensina algo sobre as causas da revolução – e a história não

34 Nicholas W. Puner, op. cit., p. 714.

35 Wilson Carey Mc Williams, op. cit., p. 211.

ensina muito, mas ainda ensina consideravelmente mais do que teorias da ciência social –, é que uma desintegração de sistemas políticos precede revoluções, que o sintoma revelador da desintegração é uma erosão progressiva da autoridade governamental, e que essa erosão é causada pela incapacidade do governo de funcionar corretamente, da qual surgem as dúvidas dos cidadãos a respeito de sua legitimidade. Isso é o que os marxistas costumavam chamar uma "situação revolucionária" – a qual, é claro, na maioria das vezes não evolui para uma revolução.

Em nosso contexto, a grave ameaça ao sistema judiciário dos Estados Unidos é um exemplo. Lamentar "o crescimento canceroso das desobediências"[36] não faz muito sentido, a menos que se reconheça que já há muitos anos os órgãos do judiciário têm sido incapazes de aplicar as leis contra o tráfico de drogas, assaltos e roubos. Considerando que as chances de os criminosos dessas categorias nunca serem detectados são de nove para um e que apenas um em cem irá para a prisão, há toda razão em estar surpreso por tal crime não ser pior do que é. (De acordo com o relatório de 1967 da Comissão Presidencial de Aplicação da Lei e Administração da Justiça, "mais da metade de todos os crimes nunca são reportados à polícia" e, "dos que o são, menos de um quarto são resolvidos com a prisão. Quase metade de todas as prisões resulta no arquivamento das acusações".)[37] É como se estivéssemos em um experimento nacional para descobrir quantos criminosos em potencial – isto é, pessoas impedidas de cometer crimes apenas pela força de dissuasão da lei – realmente existem em uma dada sociedade. Os resultados podem não ser encorajadores para aqueles que sustentam que todos os impulsos criminosos são aberrações – isto é, são os impulsos de pessoas mentalmente doentes agindo sob a compulsão de suas doenças. A simples e assustadora verdade é que, sob circunstâncias de permissividade legal e social, as pessoas vão se envolver no mais ultrajante comportamento criminoso, as mesmas pessoas que, sob circunstâncias normais, talvez sonhassem com tais crimes, mas nunca considerariam realmente cometê-los.[38]

---

36 *To Establish Justice...* op. cit., p. 89.

37 *Law and Order Reconsidered*, Report of the Task Force on Law and Law Enforcement to the National Commission on the Causes and Prevention of Violence, n.d., p. 266.

38 Exemplos horríveis dessa verdade foram apresentados durante o chamado "julgamen-

Na sociedade de hoje, nem potenciais violadores da lei (isto é, criminosos não profissionais e não organizados), nem cidadãos cumpridores da lei precisam de estudos elaborados para lhes dizer que atos criminosos provavelmente – isto é, previsivelmente – não terão nenhuma consequência legal. Aprendemos, para nossa tristeza, que o crime organizado é menos temível do que os bandidos não profissionais – que se aproveitam de oportunidades – e sua total e justificada "falta de preocupação em serem punidos"; e esse estado de coisas não é nem alterado, nem esclarecido por pesquisas acerca da "confiança da população no sistema judiciário norte-americano".[39] O que estamos enfrentando não é o processo judicial, mas o simples fato de que atos criminosos geralmente não têm absolutamente consequência legal alguma; eles não são seguidos por processos judiciais. Por outro lado, devemos perguntar o que aconteceria se o poder policial fosse restaurado até o nível razoável em que 60% a 70% de todas as infrações criminosas fossem devidamente resolvidas com prisão e devidamente julgadas. Há alguma dúvida de que isso significaria o colapso dos tribunais já desastrosamente sobrecarregados e teria consequências bastante aterrorizantes para o sistema penitenciário

---

to de Auschwitz", na Alemanha, sobre cujos procedimentos ver Bernd Naumann, *Auschwitz*, Nova York, 1966. Os réus eram "um mero punhado de casos intoleráveis", selecionados entre aproximadamente 2 mil homens da S.S. postados no campo entre 1940 e 1945. Todos eles foram acusados de assassinato, o único crime que em 1963, quando o julgamento começou, não era coberto pelo estatuto de limitações. Auschwitz era o campo de extermínio sistemático, mas as atrocidades que quase todos os acusados haviam cometido nada tinham a ver com a ordem para a "solução final". Seus crimes eram puníveis pela lei nazista, e em raros casos tais perpetradores foram realmente punidos pelo governo nazista. Esses réus não tinham sido especialmente selecionados para atuar num campo de extermínio; eles tinham ido para Auschwitz por nenhuma outra razão além de sua inaptidão para o serviço militar. Quase nenhum deles tinha antecedentes criminais de qualquer tipo, e nenhum deles tinha um histórico de sadismo e assassinato. Antes de irem para Auschwitz e durante os dezoito anos que viveram na Alemanha pós-guerra, tinham sido cidadãos respeitáveis e respeitados, indistinguíveis de seus vizinhos.

39 A alusão é à concessão milionária feita pela Fundação Ford "para estudos sobre a confiança da população no sistema judiciário norte-americano", em contraste com a "pesquisa com os agentes da lei", de Fred P. Graham, do *The New York Times*, que, sem equipe de pesquisa, chegou à óbvia conclusão "de que a falta de preocupação do criminoso em ser punido está causando uma grande e imediata crise". Ver Tom Wicker, "Crime and the Courts", *The New York Times*, 7 de abril de 1970.

igualmente sobrecarregado? O que é tão assustador na presente situação não é só o fracasso do poder policial *per se*, mas também que remediar radicalmente essa condição significaria um desastre para esses outros ramos igualmente importantes do sistema judiciário.

A resposta do governo a isso, e a colapsos igualmente óbvios dos serviços públicos, tem sido invariavelmente a criação de comissões de estudo, cuja fantástica proliferação nos últimos anos provavelmente tem feito dos Estados Unidos o país mais pesquisado da terra. Não há dúvida de que as comissões, depois de gastar muito tempo e dinheiro para descobrir que, "quanto mais pobre você é, maior é a probabilidade de que sofra de desnutrição grave" (uma pérola de sabedoria que foi até escolhida a "Citação do Dia" do *The New York Times*),[40] muitas vezes apresentam recomendações razoáveis. Estas, contudo, são raramente postas em prática. Em vez disso, são submetidas a um novo rol de pesquisadores. O que todas as comissões têm em comum é uma tentativa desesperada de descobrir algo sobre as "causas mais profundas" de qualquer que seja o problema – especialmente se for o problema da violência –, e, como as causas "mais profundas" são, por definição, ocultas, o resultado final de tal pesquisa em equipe é muitas vezes nada além de hipóteses e teorias não demonstradas. O efeito concreto é que a pesquisa tem se tornado um substituto da ação e as "causas mais profundas" estão superando as óbvias, que são frequentemente tão simples que nenhuma pessoa "séria" e "instruída" poderia ser solicitada a dar-lhes qualquer atenção. É verdade que descobrir remédios para deficiências óbvias não garante a solução do problema, mas negligenciá-las significa que o problema não será sequer devidamente definido.[41] A pesquisa se tornou uma técnica de evasão, e isso certamente não tem ajudado a já debilitada reputação da ciência.

---

40 Em 28 de abril de 1970.

41 Há, por exemplo, o bem conhecido fato exageradamente pesquisado de que crianças de escolas de favela não aprendem. Entre as causas mais óbvias está o fato de que tais crianças chegam à escola sem ter tomado café da manhã e estão desesperadamente com fome. Há um número de causas "mais profundas" desse fracasso em aprender, e é muito incerto que o café da manhã ajudaria. O que não é incerto é que mesmo uma classe de gênios não poderia ser ensinada se eles estivessem com fome.

Uma vez que a desobediência e o desafio à autoridade são uma marca tão generalizada de nosso tempo, é tentador ver a desobediência civil como um mero caso especial. Do ponto de vista dos juristas, a lei é violada pelo desobediente civil não menos do que pelo desobediente criminoso, e é compreensível que as pessoas, especialmente se forem advogados, suspeitem de que a desobediência civil, precisamente porque é exercida em público, está na raiz da variedade criminal[42] – não obstante todas as evidências e argumentos em contrário, as evidências que "demonstram que atos de desobediência civil [...] levam a [...] uma propensão para o crime" não são "insuficientes", mas simplesmente inexistentes.[43] Apesar de ser verdade que movimentos radicais e, certamente, revoluções atraem elementos criminosos, não seria correto nem sábio igualar os dois. Criminosos são tão perigosos para movimentos políticos quanto para a sociedade como um todo. Além disso, apesar de a desobediência civil poder ser considerada um indicativo de uma significativa perda da autoridade da lei (embora dificilmente possa ser vista como sua causa), a desobediência criminosa não é mais que a consequência inevitável de uma erosão desastrosa da competência e do poder da polícia. Propostas para escrutinar a "mente criminosa", tanto com testes Rorschach quanto por agentes da inteligência, soam sinistras, mas também pertencem às técnicas de evasão. Um fluxo incessante de hipóteses sofisticadas sobre a mente – a mais elusiva entre as propriedades do ser humano – do criminoso encobre o fato sólido de que ninguém é capaz de apanhar seu corpo, assim como a suposição hipotética das "atitudes negativas *latentes*" dos policiais encobre seu evidente histórico negativo em resolver crimes.[44]

A desobediência civil surge quando um número significativo de cidadãos está convencido ou de que os canais normais de mudança não funcionam mais, e que reclamações não serão ouvidas nem atendidas, ou de que, ao contrário, o governo está prestes a mudar e embarcou e persiste em modos de ação cuja legalidade e constitucionalidade estão sujeitas

---

42 O juiz Charles E. Whittaker, como muitos outros da profissão, "atribui a crise a ideias de desobediência civil". Ver Wilson Carey McWilliams, op. cit., p. 211.

43 *To Establish Justice...*, op. cit., p. 109.

44 *Law and Order Reconsidered*, op. cit., p. 291.

a sérias dúvidas. Os exemplos são numerosos: sete anos de uma guerra não declarada no Vietnã; a influência crescente de agências secretas nos assuntos públicos; ameaças abertas ou mal dissimuladas às liberdades garantidas pela Primeira Emenda; tentativas de privar o Senado de seus poderes constitucionais, seguidas pela invasão do Camboja pelo presidente, em aberto desrespeito à Constituição, que exige explicitamente a aprovação do Congresso para o início de uma guerra; sem mencionar a referência ainda mais ameaçadora do vice-presidente a resistentes e dissidentes como "'abutres' [...] e 'parasitas' [que] nós podemos nos dar ao luxo de separar [...] de nossa sociedade sem mais arrependimento do que devemos sentir ao descartar maçãs podres de um barril" – uma referência que desafia não apenas as leis dos Estados Unidos, mas todas as ordens legais.[45] Em outras palavras, a desobediência civil pode estar sintonizada com a mudança necessária e desejável ou com a necessária e desejável preservação ou restauração do *status quo* – a preservação de direitos garantidos pela Primeira Emenda, ou a restauração do devido equilíbrio de poder no governo, que é ameaçado pelo poder executivo e pelo enorme crescimento do poder federal em detrimento dos direitos dos estados. Em nenhum dos casos a desobediência civil pode ser igualada à desobediência criminal.

Há toda a diferença do mundo entre o modo como o criminoso evita os olhos do público e o modo pelo qual o desobediente civil toma a lei nas suas mãos em desafio aberto. Essa distinção entre uma violação aberta da lei, realizada em público, e uma clandestina é tão gritantemente óbvia que apenas pode ser negligenciada por preconceito ou má vontade. Ela é agora reconhecida por todos os autores sérios que tratam do assunto e claramente é a primeira condição para todas as tentativas de defender a compatibilidade da desobediência civil com a lei e as instituições norte-americanas de governo. Além disso, o infrator comum, mesmo quando pertence a uma organização criminosa, age em seu próprio benefício; ele se recusa a ser dominado pelo consentimento de todos os outros e vai se render apenas à violência dos órgãos

---

45 Os muitos comentários excelentes da *The New Yorker* sobre o desprezo quase aberto do governo pela ordem constitucional e legal deste país, em sua coluna "Talk of the Town", são especialmente recomendados.

de aplicação da lei. O desobediente civil, embora em geral dissinta de uma maioria, age em nome e pela causa de um grupo. Ele desafia a lei e as autoridades estabelecidas devido a uma dissensão básica, e não porque ele, como indivíduo, deseja fazer uma exceção para si mesmo e ficar impune. Se o grupo ao qual pertence é significativo em números e posição, somos tentados a classificá-lo como um membro de uma das "maiorias simultâneas" de John C. Calhoun,[46] isto é, setores da população que são unânimes em sua discordância. O termo, infelizmente, está manchado por argumentos racistas e de defesa da escravidão, e no livro *Disquisition on Government* [Disquisição do governo], no qual aparece, abrange apenas interesses, não opiniões e convicções, de minorias que se sentem ameaçadas pelas "maiorias dominantes". De qualquer maneira, o ponto é que estamos lidando aqui com minorias organizadas que são importantes demais não somente em números, mas em *qualidade de opinião*, para serem desconsideradas sem risco. Calhoun certamente estava correto quando sustentou que em questões de grande importância nacional a "simultaneidade ou o consentimento de várias parcelas da comunidade" é um pré-requisito do governo constitucional.[47] Pensar nas minorias desobedientes como rebeldes e traidoras vai contra a letra e o espírito de uma Constituição cujos autores eram especialmente sensíveis aos perigos do controle sem freios da maioria.

De todos os meios que os desobedientes civis podem empregar na persuasão e dramatização dos problemas, o único passível de justificar que sejam chamados de "rebeldes" é o meio da violência. Assim, a segunda característica necessária geralmente aceita da desobediência civil é a não violência, e se segue que "desobediência civil não é revolução [...]. O desobediente civil aceita, enquanto o revolucionário rejeita, a estrutura da autoridade estabelecida e a legitimidade geral do sistema de leis".[48] Essa segunda distinção entre o revolucionário e o desobediente

46 John Caldwell Calhoun (1782-1850) ingressou na política norte-americana em 1808. Líder do Partido Democrata, foi secretário da Guerra, vice-presidente, secretário de Estado e senador. Defendeu a liberdade individual e as minorias, mas também a escravidão. Foi líder dos estados do Sul e teve influência na Guerra de Secessão (1861-1865). [N.T.]

47 *A Disquisition on Government* (1853), Nova York, 1947, p. 67.

48 Carl Cohen, op. cit., p. 3.

civil, tão plausível à primeira vista, mostra-se mais difícil de sustentar do que a distinção entre desobediente civil e criminoso. O desobediente civil compartilha com o revolucionário o desejo de "mudar o mundo", e as mudanças que ele deseja alcançar podem ser de fato drásticas – como no caso de Gandhi, que sempre é citado como o maior exemplo, nesse contexto, de não violência. (Gandhi aceitou a "estrutura da autoridade estabelecida", que era o controle britânico da Índia? Ele respeitou a "legitimidade geral do sistema de leis" na colônia?)

"As coisas deste mundo estão em um fluxo tão constante que nada permanece muito tempo no mesmo estado."[49] Se essa sentença escrita por Locke cerca de trezentos anos atrás fosse enunciada hoje, soaria como o eufemismo do século. Entretanto, ela pode nos lembrar de que a mudança não é um fenômeno moderno, mas inerente a um mundo habitado e estabelecido por seres humanos, que chegam a ele, pelo nascimento, como estranhos e recém-chegados (*νέοι*, os novos, pelo nascimento, como os gregos costumavam chamar os jovens), e partem dele bem quando adquiriram a experiência e a familiaridade que podem, em alguns raros casos, capacitá-los a serem "sábios" nos caminhos do mundo. "Homens sábios" desempenharam variados e às vezes importantes papéis nos assuntos humanos, mas o ponto é que eram sempre homens velhos, prestes a desaparecer do mundo. Sua sabedoria, adquirida na proximidade da partida, não pode governar um mundo exposto ao constante ataque violento da inexperiência e da "tolice" dos recém-chegados, e é provável que sem essa condição inter-relacionada de natalidade e mortalidade, que garante a mudança e faz do governo da sabedoria algo impossível, a raça humana tivesse sido extinta há muito tempo por um tédio insuportável.

A mudança é constante, inerente à condição humana, mas a velocidade da mudança não. Ela varia muito de país para país, de século para século. Comparado às idas e vindas das gerações, o fluxo das coisas do mundo ocorre tão vagarosamente que o mundo oferece um habitat quase estável àqueles que vêm, ficam e vão. Ou assim foi por milhares de anos – incluindo os primeiros séculos da era moderna, quando a noção de mudança pela mudança, sob o nome de progresso, apareceu

---

49 Locke, *The Second Treatise of Government*, nº 157.

pela primeira vez. O nosso século talvez seja o primeiro no qual a velocidade de mudança nas coisas do mundo ultrapassou a mudança de seus habitantes. (Um sintoma alarmante dessa reviravolta é o intervalo cada vez menor entre as gerações. Do padrão tradicional de três ou quatro gerações em um século, que correspondia a um hiato "natural" de geração entre pais e filhos, chegamos agora ao ponto em que quatro ou cinco anos de diferença de idade são suficientes para estabelecer um hiato entre as gerações.) Mas mesmo sob as condições extraordinárias do século XX, que fazem as admoestações de Marx pela mudança do mundo soarem como uma exortação para levar carvões a Newcastle, dificilmente se pode dizer que o apetite do ser humano pela mudança cancelou sua necessidade de estabilidade. É sabido que o revolucionário mais radical se tornará conservador no dia seguinte à revolução. Obviamente, nem a capacidade do ser humano para a mudança, nem sua capacidade de preservação são sem limites, sendo a primeira limitada pela extensão do passado no presente – nenhum ser humano começa *ab ovo* – e a última pela imprevisibilidade do futuro. O impulso do ser humano para mudar e sua necessidade de estabilidade têm sempre equilibrado e controlado um ao outro, e nosso vocabulário corrente, que distingue entre duas facções, os progressistas e os conservadores, indica um estado de coisas no qual esse equilíbrio foi avariado.

Nenhuma civilização – o artefato feito pelo ser humano para abrigar sucessivas gerações – jamais teria sido possível sem uma estrutura de estabilidade, para fornecer o espaço ao fluxo de mudança. Em primeiro lugar entre os fatores de estabilização, mais duradouros que os costumes, as maneiras e as tradições, estão os sistemas legais que regulam nossa vida no mundo e nossas relações diárias uns com os outros. É por essa razão que é inevitável que a lei, em um tempo de rápida mudança, apareça como "uma força restritiva, portanto uma influência negativa em um mundo que admira a ação positiva".[50] A variedade de tais sistemas é grande, tanto no tempo como no espaço, mas todos eles têm uma coisa em comum – a coisa que justifica que usemos a mesma palavra para fenômenos tão diferentes quanto a *lex* romana, a *νόμος* grega, a *torah* hebraica –, que é terem sido elaborados para garantir a

50 Edward H. Levi, op. cit.

estabilidade. (Há outra característica geral da lei: que ela não é universalmente válida; é ou limitada territorialmente ou, como no caso da lei judaica, etnicamente restrita, mas isso não nos diz respeito aqui. Onde ambas as características, estabilidade e validade limitada, estão ausentes – onde as chamadas "leis" da história ou da natureza, por exemplo, tal como são interpretadas pelo chefe de Estado, mantêm uma "legalidade" que pode mudar de um dia para o outro e reivindicam validade para toda a humanidade –, nós estamos de fato diante da ilegalidade, embora não da anarquia, uma vez que a ordem pode ser mantida por meio da organização compulsória. O resultado concreto, de qualquer maneira, é que todo o aparato governamental se torna criminoso, o que aprendemos com o governo totalitário.)

Por causa do grau sem precedentes da mudança em nossa época, e por causa do desafio que a mudança representa para a ordem legal – do lado do governo, como temos visto, assim como do lado dos cidadãos desobedientes –, é agora amplamente aceito que mudanças podem ser efetuadas pela lei, diferentemente da antiga noção de que a "ação legal [isto é, decisões da Suprema Corte] pode influenciar modos de vida".[51] Ambas as opiniões me parecem baseadas em um erro a respeito do que a lei pode ou não pode realizar. A lei pode de fato estabilizar e legalizar a mudança uma vez que ela tenha ocorrido, mas a mudança em si é sempre o resultado de ação extralegal. De fato, a própria Constituição oferece um modo quase legal de desafiar a lei por meio da sua violação, mas, bem dissociada da questão de se tais violações são atos de desobediência ou não, a Suprema Corte tem o direito de escolher entre os casos trazidos a ela, e essa escolha é inevitavelmente influenciada pela opinião pública. O projeto de lei recentemente aprovado em Massachusetts para forçar um teste da legalidade da guerra do Vietnã, sobre o qual a Suprema Corte se recusou a decidir, é um exemplo. Não é óbvio que essa ação legal – realmente muito significativa – foi o resultado da desobediência civil de resistentes ao serviço militar, e que seu objetivo era legalizar a recusa por parte dos militares do dever de combate? Todo

51 J. D. Hyman, "Segregation and the Fourteenth Amendment", in *Essays in Constitutional Law*, Robert G. McCloskey (ed.), Nova York, 1957, p. 379.

o corpo da legislação trabalhista – o direito de negociação coletiva, o direito de se organizar e de fazer greve – foi precedido por décadas de desobediência frequentemente violenta àquelas que por fim provaram ser leis obsoletas.

A história da Décima Quarta Emenda talvez ofereça um exemplo especialmente instrutivo da relação entre lei e mudança. Era para ela traduzir em termos constitucionais a mudança que acontecera como resultado da Guerra Civil. Essa mudança não foi aceita pelos estados do Sul, com o resultado de que as disposições para a igualdade racial não foram aplicadas por cerca de cem anos. Um exemplo ainda mais marcante da inabilidade da lei para aplicar a mudança é, claro, a Décima Oitava Emenda, sobre a Lei Seca, que teve que ser revogada porque se provou inexequível.[52] A Décima Quarta Emenda, por outro lado, finalmente foi aplicada pela ação legal da Suprema Corte, mas, apesar de podermos argumentar que sempre foi "a óbvia responsabilidade da Suprema Corte lidar com leis estaduais que negam a igualdade racial",[53] o fato óbvio é que o tribunal escolheu fazer isso apenas quando movimentos pelos direitos civis que, no que diz respeito às leis do Sul, eram claramente movimentos de desobediência civil provocaram uma mudança drástica nas atitudes dos cidadãos negros e brancos. Não a lei, mas a desobediência civil trouxe à luz o "dilema norte-americano" e, talvez pela primeira vez, forçou a nação a reconhecer a enormidade do crime não apenas da escravidão, mas do escravizado como propriedade – "único entre todos os sistemas do tipo conhecidos da civilização"[54] –, tendo o povo herdado a responsabilidade por ele, junto com tantas bênçãos, de seus antepassados.

---

52 A ampla desobediência à emenda da Lei Seca não tem, contudo, "reivindicação legítima para ser chamada de desobediência", porque ela não era praticada em público. Ver Nicholas W. Puner, op. cit., p. 653.

53 Robert G. McCloskey in op. cit., p. 352.

54 Sobre esse ponto importante, que explica por que a emancipação teve consequências tão desastrosas nos Estados Unidos, ver o esplêndido estudo *Slavery*, de Stanley M. Elkins, Nova York, 1959.

III

A perspectiva de mudança muito rápida sugere que há "toda a probabilidade de uma expansão progressiva do papel da desobediência civil nas [...] democracias modernas".[55] Se "a desobediência civil está aqui para ficar", como muitos passaram a acreditar, a questão de sua compatibilidade com a lei é de primordial importância. A resposta para isso pode muito bem decidir se as instituições da liberdade vão ou não se provar flexíveis o suficiente para sobreviver ao ataque violento da mudança sem guerra civil e sem revolução. A literatura sobre o assunto é inclinada a discutir o caso da desobediência civil nas bases bastante estreitas da Primeira Emenda, admitindo sua necessidade de ser "expandida" e expressando a esperança de "que as decisões da Suprema Corte estabelecerão uma nova teoria quanto ao [seu] lugar".[56] Mas a Primeira Emenda defende inequivocamente apenas "a liberdade de expressão e de imprensa", enquanto o ponto até o qual "o direito do povo de se reunir pacificamente e de requerer do governo a reparação de queixas" protege a liberdade de ação está aberto à interpretação e à controvérsia. De acordo com as decisões da Suprema Corte, "conduta sob a Primeira Emenda não goza da mesma amplitude que a expressão", e "conduta, em oposição à expressão, é [claro] endêmica" à desobediência civil.[57]

Contudo, o que está basicamente em jogo aqui não é se, e em que medida, a desobediência civil pode ser justificada pela Primeira Emenda, mas, em vez disso, com qual *conceito* de lei ela é compatível. Vou argumentar a seguir que, apesar de o fenômeno da desobediência civil ser hoje um fenômeno mundial, e apesar de ter atraído o interesse

---

55 Christian Bay, op. cit., p. 483.

56 Harrop A. Freeman, op. cit., p. 23.

57 Nicholas W. Puner, op. cit., p. 694. Para o significado da garantia da Primeira Emenda, ver especialmente Edward S. Corwin, *The Constitution and What It Means Today*, Princeton, 1958. Quanto à questão sobre até que ponto a liberdade de ação é protegida pela Primeira Emenda, Corwin aponta: "Historicamente, o direito de requerer é um direito primordial, o direito de se reunir pacificamente um direito subordinado e instrumental [...] Hoje, contudo, o direito de reunião pacífica é '[...] cognato àqueles de liberdade de expressão e imprensa livre e é igualmente fundamental [...]. A realização de reuniões para a ação política pacífica não pode ser proscrita. Os que auxiliam na condução de tais reuniões não podem ser considerados criminosos nesse aspecto" (p. 203-204).

da jurisprudência e da ciência política apenas recentemente nos Estados Unidos, ela ainda é principalmente norte-americana em sua origem e substância; que nenhum outro país, e nenhum outro idioma, tem sequer uma palavra para ela, e que a república norte-americana é o único governo a ter pelo menos uma chance de lidar com ela – não, talvez, em concordância com os estatutos, mas em concordância com o *espírito* de suas leis. Os Estados Unidos devem sua origem à Revolução Americana, e essa revolução trazia dentro de si um novo conceito de lei, nunca totalmente articulado, que foi o resultado não de uma teoria, mas foi formado pelas experiências extraordinárias dos primeiros colonos. Seria um evento de grande significado encontrar um nicho constitucional para a desobediência civil – de não menos significado, talvez, do que o evento da fundação da *constitutio libertatis*, quase duzentos anos atrás.

A obrigação moral do cidadão de obedecer às leis tem sido tradicionalmente derivada da suposição de que ele tanto concordou com elas como foi realmente seu próprio legislador; que sob o Estado de direito os seres humanos não estão sujeitos a uma vontade alheia, mas obedecem apenas a eles mesmos – com o resultado, é claro, de que toda pessoa é ao mesmo tempo seu próprio senhor e seu próprio escravo, e que o que é visto como o conflito original entre o cidadão, preocupado com o bem público, e o eu (*self*), buscando sua felicidade privada, está internalizado. Essa é, em essência, a solução de Rousseau e de Kant para o problema da obrigação, e seu defeito, do meu ponto de vista, é que ela se volta novamente para a consciência – para a relação entre mim e eu mesmo.[58] Do ponto de vista da ciência política moderna, o problema está na origem fictícia da concordância: "Muitos [...] escrevem como se houvesse um contrato social ou alguma base semelhante para a obrigação política de obedecer à vontade da maioria", razão pela qual o

58 Outro importante defeito foi apontado por Hegel: "Ser seu próprio senhor e servo parece ser melhor do que ser o servo de alguém. Contudo, a relação entre liberdade e natureza, se [...] a natureza é oprimida pelo seu próprio eu, é muito mais artificial do que a relação na lei natural, de acordo com a qual a parte dominadora e de comando está fora do indivíduo vivo. No último caso, o indivíduo como uma entidade viva detém sua identidade autônoma [...] É oposta a um poder alheio [...] [De outro modo] sua harmonia interna é destruída". In *Differenz des Fichte'schen und Schelling'schen Systems der Philosophie* (1801), Felix Meiner edition, p. 70.

argumento preferido geralmente é: nós, em uma democracia, temos de obedecer à lei porque temos o direito de votar.[59] Mas é precisamente esse direito de votar, o sufrágio universal em eleições livres, como uma base suficiente para uma democracia e para a reivindicação de liberdade pública, que tem sido atacado.

Ainda assim, a proposta apresentada por Eugene Rostow de que o que precisa ser considerado é "a obrigação moral do cidadão com a lei em uma *sociedade de consentimento*" parece crucial para mim. Se Montesquieu estava certo – e eu acredito que estava – ao dizer que há uma coisa como "o espírito das leis", que varia de país para país e é diferente nas várias formas de governo, então nós podemos dizer que o consentimento, não no sentido muito antigo de mera aquiescência, com sua distinção entre o domínio de sujeitos solícitos e o domínio de sujeitos relutantes, mas no sentido de suporte ativo e participação contínua em todos os assuntos de interesse público, é o espírito da lei norte-americana. Teoricamente, esse consentimento tem sido construído para ser o resultado de um contrato social, que em sua forma mais comum – o contrato entre um povo e seu governo – é de fato fácil de ser denunciado como mera ficção. Contudo, o ponto é que não foi mera ficção na experiência pré-revolucionária norte-americana, com suas numerosas convenções e acordos, desde o Pacto do Mayflower ao estabelecimento das treze colônias como uma entidade. Quando Locke formulou sua teoria do contrato social, que supostamente explicava o início originário da sociedade civil, ele indicou numa observação lateral qual modelo de fato tinha em mente: "No início, todo o mundo era os Estados Unidos".[60]

Na teoria, o século XVII conheceu e combinou sob o nome de "contrato social" três tipos completamente diferentes de acordos originários. Havia, *primeiro*, o exemplo do pacto bíblico, que foi firmado entre um povo como um todo e seu Deus, em virtude do qual o povo concordava em obedecer a quaisquer leis que a divindade todo-poderosa escolhesse lhe revelar. Se essa versão puritana de consentimento tivesse prevalecido, teria, como John Cotton destacou corretamente, "estabelecido

---

59 Christian Bay, op. cit., p. 483.

60 Op. cit., p. 49.

a teocracia [...] como a melhor forma de governo".[61] Havia, *segundo*, a variedade hobbesiana, de acordo com a qual todo indivíduo faz um pacto com as autoridades estritamente seculares para garantir sua segurança, para cuja proteção ele renuncia a todos os direitos e poderes. Chamo esta a versão vertical do contrato social. Ela é, claro, inconsistente com a compreensão norte-americana de governo, porque reivindica para o governo um monopólio do poder em proveito de todos os sujeitos, os quais não têm eles mesmos nem os direitos nem os poderes enquanto sua segurança física estiver garantida. A república norte-americana, em contraste, baseia-se no poder do povo – o velho *potestas in populo* romano –, e o poder concedido às autoridades é um poder delegado, que pode ser revogado. Havia, *terceiro*, o contrato social originário de Locke, que trouxe não o governo, mas a sociedade – a palavra sendo compreendida no sentido da palavra em latim *societas*, uma "aliança" entre todos os indivíduos membros, que fazem um contrato com seu governo depois de eles mesmos terem se ligado mutuamente. Chamo esta a versão horizontal do contrato social. Esse contrato limita o poder de cada membro individual, mas deixa intacto o poder da sociedade; a sociedade então estabelece o governo "com base em um contrato original entre indivíduos independentes".[62]

Todos os contratos, pactos e acordos se baseiam na reciprocidade, e a grande vantagem da versão horizontal do contrato social é que essa reciprocidade vincula cada membro a seus concidadãos. Essa é a única forma de governo na qual as pessoas estão unidas não por memórias históricas ou homogeneidade étnica, como no Estado-nação, e não pelo Leviatã de Hobbes, que "intimida a todos" e então os une, mas pela força de promessas mútuas. Na visão de Locke, isso significava que a sociedade permanece intacta mesmo se "o governo é dissolvido" ou quebra seu acordo com a sociedade, tornando-se uma tirania. Uma vez estabelecida, a sociedade, enquanto existir, nunca pode ser jogada de volta à ilegalidade e à anarquia do estado de natureza. Nas palavras de Locke, "o

61 Ver minha discussão sobre o puritanismo e sua influência na Revolução Americana em *On Revolution*, Nova York, 1963, p. 171ss. [Na mais recente edição brasileira de *Sobre a Revolução*, p. 224ss (N.T.)]

62 John Adams, *Novanglus. Works*, Boston, 1851, vol. IV, p. 110.

poder que todo indivíduo deu à sociedade, ao entrar nela, nunca pode reverter outra vez aos indivíduos enquanto a sociedade durar, mas sempre permanecerá na comunidade".[63] Essa é de fato uma nova versão do velho *potestas in populo*, pois a consequência é que, em contraste com as primeiras teorias sobre o direito de resistência, segundo as quais as pessoas podiam agir apenas "quando acorrentadas", elas agora tinham o direito, novamente nas palavras de Locke, "de evitar" o aprisionamento.[64] Quando os signatários da Declaração de Independência "empenharam mutuamente" suas vidas, suas fortunas e sua honra sagrada, estavam pensando nesse veio de experiências especificamente norte-americanas, assim como nos termos da generalização e conceitualização dessas experiências por Locke.

O consentimento – no sentido de que um pertencimento voluntário deve ser presumido em relação a todo cidadão na comunidade – é obviamente (exceto no caso da naturalização) pelo menos tão aberto à crítica de ser uma ficção quanto o contrato originário. O argumento está correto legal e historicamente, mas não existencial e teoricamente. Todo ser humano nasce membro de uma comunidade particular e apenas pode sobreviver se é bem-vindo e fica à vontade nela. Um tipo de consentimento está implícito na situação factual de todo recém-nascido; a saber, um tipo de conformidade às regras sob as quais o grande jogo do mundo é jogado no grupo particular ao qual pertence por nascimento. Todos nós vivemos e sobrevivemos por um tipo de *consentimento tácito*, que, contudo, seria difícil chamar de voluntário. Como poderemos querer o que está aí de qualquer modo? Podemos chamá-lo de voluntário, entretanto, quando acontece de a criança nascer em uma comunidade na qual a dissensão é também uma possibilidade legal e *de-facto*, uma vez que ela tenha se tornado um adulto. Dissensão implica consentimento, e é a marca característica do governo livre; aquele que sabe que pode discordar sabe também que de alguma forma consente quando não discorda.

O consentimento tal como implícito no direito à dissensão – o espírito da lei norte-americana e a quintessência do governo norte-americano – explica e articula o consentimento tácito dado em troca das

63 Op. cit., p. 243.

64 Ibidem, p. 220.

boas-vindas tácitas da comunidade aos recém-chegados, à imigração interna mediante a qual ela se renova constantemente. Visto dessa perspectiva, o consentimento tácito não é uma ficção; é inerente à condição humana. Contudo, o consentimento tácito geral – o "acordo tácito, um tipo de *consensus universalis*", como Tocqueville o chamou[65] – deve ser cuidadosamente distinguido do consentimento a leis específicas ou a políticas específicas, que ele não abrange, mesmo que elas sejam o resultado de decisões da maioria.[66] Muitas vezes se argumenta que o consentimento à Constituição, o *consensus universalis*, implica consentimento também às leis estatutárias, porque no governo representativo o povo ajudou a fazê-las. Esse consentimento, penso, é de fato totalmente fictício. Sob as atuais circunstâncias, de qualquer maneira, ele perdeu toda plausibilidade. O próprio governo representativo está hoje em crise, em parte porque perdeu, ao longo do tempo, todas as instituições que permitiam a participação real dos cidadãos, e em parte porque está agora gravemente afetado pela doença da qual sofre o sistema de partidos: burocratização e a tendência dos dois partidos a representar ninguém exceto as máquinas partidárias.

De qualquer modo, o atual perigo de rebelião nos Estados Unidos não surge da discordância e da resistência a leis específicas, a ordens executivas e políticas nacionais, nem mesmo da denúncia do "sistema" ou do "*establishment*", com seus tons familiares de indignação com os baixos padrões morais dos ocupantes de altos postos e a protetora atmosfera de conivência que os rodeia. O que enfrentamos é uma crise constitucional de primeira ordem, e essa crise foi iniciada por dois fatores muito diferentes cuja infeliz coincidência tem resultado na particular agudeza e na confusão geral da situação. Há frequentes desafios à Constituição pela administração, com a consequente perda de confiança por parte do povo nos processos constitucionais, isto é, a retirada do consentimento;

65 "O governo republicano existe nos Estados Unidos, sem combate ou oposição, sem provas ou argumentos, por um acordo tácito, um tipo de *consensus universalis*" em Alexis de Tocqueville, *Democracy in America*, Nova York, 1945, vol. I, p. 419. ["Das instituições republicanas nos Estados Unidos: quais suas chances de duração?" (N.T.)]

66 Para a importância dessa distinção, ver Hans Morgenthau, *Truth and Power*, 1970, p. 19ss; e *The New Republic*, 22 de janeiro de 1966, p. 16-18.

e se tornou pública, quase ao mesmo tempo, a indisposição mais radical de certos setores da população em reconhecer o *consensus universalis*.

Tocqueville previu quase cento e cinquenta anos atrás que "o mais formidável de todos os males que ameaçam o futuro da União surge" não da escravidão, cuja abolição ele anteviu, mas "da presença de uma população negra em seu território".[67] E a razão pela qual ele pôde prever o futuro de negros e indígenas mais de cem anos à frente está no simples e estarrecedor fato de que essas pessoas nunca foram incluídas no *consensus universalis* original da república norte-americana. Não houve nada na Constituição ou na intenção de seus autores que pudesse ser interpretado de modo a incluir as pessoas escravizadas no pacto original. Mesmo aqueles que pleitearam a emancipação final pensavam em termos de segregação dos negros, ou, preferencialmente, de deportação. Isso é verdade para Jefferson – "Nada está mais certamente escrito no livro do destino do que essas pessoas devem ser livres; nem é menos certo que as duas raças, igualmente livres, não podem viver no mesmo governo" –, assim como é verdade para Lincoln, que tentou, tão tarde quanto 1862, "quando uma delegação de homens de cor foi vê-lo [...] persuadi-los a estabelecer uma colônia na América Central".[68] A tragédia do movimento abolicionista, que em seus primeiros estágios também propôs a deportação e a colonização (da Libéria), foi poder apelar apenas à consciência individual, não à lei nem à opinião do país. Isso pode explicar seu forte viés anti-institucional generalizado e sua moralidade abstrata, que condenou todas as instituições como más porque toleravam o mal da escravidão, o que certamente não ajudou na promoção daquelas medidas elementares de reforma humana pelas quais em todos os outros países os escravos foram gradualmente emancipados para a sociedade livre.[69]

Sabemos que esse crime original não poderia ser remediado pela Décima Quarta e pela Décima Quinta Emendas. Ao contrário, a exclusão *tácita* do consenso *tácito* se tornou mais evidente pela incapacidade

---

67 Op. cit., p. 356.

68 Hofstadter, op. cit., p. 130.

69 Elkins, na Parte IV de seu livro mencionado anteriormente, faz uma excelente análise da esterilidade do movimento abolicionista.

ou má vontade do governo federal em fazer cumprir suas próprias leis, e, com o passar do tempo e a chegada de onda após onda de imigrantes ao país, ficou ainda mais óbvio que os negros, agora livres, e nascidos e criados no país, eram os únicos para os quais não era verdade que, nas palavras de Bancroft, "as boas-vindas da *Commonwealth* eram tão amplas quanto as agruras".[70] Conhecemos o resultado, e não devemos nos surpreender se as atuais tentativas atrasadas de acolher explicitamente a população negra no *consensus universalis* da nação, que para todos os outros é tácito, sejam vistas com desconfiança. (Uma emenda constitucional explícita, dirigida especificamente à população negra dos Estados Unidos, poderia ter demarcado a grande mudança de forma mais dramática para essas pessoas que nunca foram acolhidas, assegurando-as de seu caráter definitivo. Decisões da Suprema Corte são interpretações constitucionais, uma das quais é a decisão Dred Scott, que sustentou, em 1857, que "negros não são e não podem ser cidadãos no sentido da Constituição federal".[71] O fracasso do Congresso em propor uma tal emenda é notável à luz da votação esmagadora de uma emenda constitucional para remediar práticas discriminatórias infinitamente mais suaves contra as mulheres.) De qualquer maneira, tentativas de integração são frequentemente rejeitadas pelas organizações negras, enquanto um grande número de seus líderes pouco se importa com as regras de não violência da desobediência civil e, muitas vezes, tampouco com as questões em jogo – a guerra do Vietnã, defeitos específicos em nossas instituições –, porque estão em rebelião aberta contra todas elas. E ainda que tenham sido capazes de atrair para a sua causa os extremistas da desobediência radical, que sem eles provavelmente teriam minguado há muito tempo, seus instintos lhes dizem para se apartarem até mesmo

---

70 Ver George Bancroft, *The History of the United States*, edição resumida por Russell B. Nye, Chicago, 1966, p. 44.

71 O caso *Dred Scott versus Sandford* recorreu à Suprema Corte. Scott, um escravizado do Missouri, tinha sido levado pelo seu proprietário para Illinois e outro território onde a escravidão era ilegal. De volta ao Missouri, Scott processou seu proprietário, "argumentando que essas viagens para áreas livres haviam feito dele um homem livre". O tribunal decidiu que Scott "não poderia entrar com ação em tribunais federais [...] porque negros não são e não podem ser cidadãos no sentido da Constituição federal". Ver Robert McCloskey, *The American Supreme Court*, Chicago, 1966, p. 93-95.

desses apoiadores, que, a despeito de seu espírito rebelde, estavam incluídos no contrato original do qual surgiu o *consensus universalis* tácito.

O consentimento, na compreensão norte-americana do termo, baseia-se na versão horizontal do contrato social, e não das decisões majoritárias. (Ao contrário, muito do pensamento dos autores da Constituição se ocupou das salvaguardas para as minorias dissidentes.) O teor moral desse consentimento é como o teor moral de todos os acordos e contratos; ele consiste na obrigação de cumpri-los. Essa obrigação é inerente a todas as promessas. Toda organização de seres humanos, seja ela social ou política, depende em última instância da capacidade do ser humano de fazer promessas e cumpri-las. O único dever estritamente moral do cidadão é essa dupla disposição de dar e manter uma garantia confiável quanto à sua conduta futura, que forma a condição pré-política de todas as outras virtudes especificamente políticas. A afirmação de Thoreau, muitas vezes citada, de que "A única obrigação que eu tenho o direito de assumir é fazer a qualquer momento o que eu achar certo" pode muito bem variar para: A única obrigação que eu *como um cidadão* tenho o direito de assumir é fazer e manter promessas.

Promessas são o modo unicamente humano de ordenar o futuro, fazendo-o previsível e confiável até o humanamente possível. E, como a previsibilidade do futuro nunca pode ser absoluta, promessas são qualificadas por duas limitações essenciais. Somos obrigados a manter nossas promessas, desde que não surjam circunstâncias inesperadas, e desde que a reciprocidade inerente a todas as promessas não seja quebrada. Há um grande número de circunstâncias que podem causar a quebra de uma promessa, sendo a mais importante em nosso contexto a circunstância geral de mudança. E a violação da reciprocidade inerente às promessas pode também ser causada por muitos fatores, sendo o único relevante em nosso contexto o fracasso das autoridades estabelecidas em se ater às condições originais. Exemplos de tais fracassos têm se tornado muito numerosos. Há o caso de uma "guerra ilegal e imoral", o caso de uma pretensão cada vez mais impaciente de poder pelo poder Executivo, o caso da fraude[72] crônica, junto com ataques deliberados a liberdades

72 A palavra aqui é *deception*, que traduzimos por "engano" no texto anterior, "Mentir na política". Aqui, contudo, optou-se por "fraude". [N.T.]

garantidas pela Primeira Emenda, cuja principal função política sempre foi fazer da fraude *crônica* algo impossível; e por último, mas não menos importante, o caso das violações (na forma de pesquisas orientadas para a guerra ou outras dirigidas pelo governo) de confiança especificamente nas universidades, que dava a elas proteção contra a interferência política e a pressão social. Quanto aos debates sobre este último caso, aqueles que atacam esses usos indevidos e aqueles que os defendem infelizmente se inclinam a concordar sobre a premissa basicamente errada de que as universidades são meros "espelhos para a sociedade em geral", um argumento mais bem respondido por Edward H. Levi, presidente da Universidade de Chicago: "Às vezes se diz que a sociedade alcançará o tipo de educação que merece. Que os céus nos ajudem se for assim".[73]

"O espírito das leis", como Montesquieu o compreendia, é o princípio pelo qual pessoas vivendo sob um sistema legal particular agem e são inspiradas a agir. O consentimento, o espírito das leis norte-americanas, é baseado na noção de um contrato reciprocamente vinculante, que estabeleceu primeiro as colônias individuais e então a união. Um contrato pressupõe uma pluralidade de ao menos dois, e toda associação estabelecida e que atua de acordo com o princípio do consentimento, baseado na promessa recíproca, pressupõe uma pluralidade que não dissolve, mas é moldada na forma de uma união – *e pluribus unum*. Se os membros individuais da comunidade assim formada escolhem não manter uma autonomia restrita, se escolhem desaparecer em uma completa unidade, tal como a *union sacrée* da nação francesa, toda conversa sobre a relação *moral* do cidadão com a lei seria mera retórica.

O consentimento e o direito de discordar se tornaram os princípios de ação inspiradores e organizadores que ensinaram aos habitantes deste continente a "arte de se associar", da qual surgiram aquelas associações voluntárias cujo papel Tocqueville foi o primeiro a perceber, com espanto, admiração e alguma desconfiança; ele pensava nelas como a força peculiar do sistema político norte-americano.[74] Os poucos capítulos que dedicou a elas ainda são de longe os melhores na não muito

---

73 *Point of View. Talks on Education*, Chicago, 1969, p. 139 e 170.

74 Todas as citações que se seguem de Tocqueville são da op. cit., vol. I, capítulo 12, e vol. II, livro II, capítulo 5. [A primeira citação é do capítulo "Da associação política nos Es-

extensa literatura sobre o assunto. As palavras com as quais ele inicia – "Em nenhum país do mundo o princípio de associação tem sido usado e aplicado com mais sucesso a uma quantidade maior de objetos do que nos Estados Unidos" – não são menos verdadeiras hoje do que eram quase cento e cinquenta anos atrás; e nem a conclusão de que "nada [...] merece mais nossa atenção do que as associações morais e intelectuais dos Estados Unidos". Associações voluntárias não são partidos; são organizações *ad hoc* que buscam metas de curto prazo e desaparecem quando a meta é alcançada. Apenas no caso de seu fracasso prolongado e de um objetivo de grande importância é que elas podem "constituir, por assim dizer, uma nação separada no seio da nação, um governo dentro do governo". (Isso aconteceu em 1861, aproximadamente trinta anos depois de Tocqueville escrever essas palavras, e poderia acontecer outra vez; o desafio da legislatura de Massachusetts à política externa do governo é um aviso claro.) Infelizmente, sob as condições da sociedade de massas, especialmente nas grandes cidades, não é mais verdade que seu espírito "permeia todos os atos da vida social", e, enquanto isso pode ter resultado em certo declínio no grande número de pessoas que se associam na população – de Babbitts,[75] que são a versão especificamente norte-americana do filisteu –, a talvez bem-vinda recusa em formar associações "pelos menores empreendimentos" é paga com um declínio evidente no apetite por ação. Pois os norte-americanos ainda consideram a associação "o único meio que têm para agir", e estão certos. Os últimos anos, com os protestos de massa em Washington, muitas vezes organizados no calor do momento, mostraram em que inesperada medida as antigas tradições ainda estão vivas. O relato de Tocqueville quase poderia ser escrito hoje: "Tão logo muitos dos habitantes dos Estados Unidos tenham assumido uma opinião ou um sentimento que desejam promover no mundo", ou tenham descoberto algum erro que

tados Unidos" e a segunda, do capítulo "Do uso que os americanos fazem da associação na vida civil". (N.T.)]

75 *Babbitt* é o título de um romance de 1922 de Sinclair Lewis (1885-1951), primeiro escritor norte-americano e das Américas a ganhar o Prêmio Nobel de Literatura (1930). Trata-se de uma sátira que passou a designar um modo de vida conformista e sem imaginação. [N.T.]

desejam corrigir, "eles buscam ajuda mútua, e, assim que tenham encontrado uns aos outros, eles se juntam. *A partir desse momento, eles não são mais indivíduos isolados, mas um poder visto de longe*, cujas ações servem de exemplo e cuja língua é ouvida" (ênfase nossa).

É meu argumento que os desobedientes civis nada mais são que a última forma de associação voluntária, e que, portanto, estão em perfeita sintonia com as mais antigas tradições do país. O que poderia descrevê-los melhor do que as palavras de Tocqueville: "Os cidadãos que formam a minoria associada para, primeiro, mostrar sua força numérica e então diminuir o poder moral da maioria"? Certamente, faz muito tempo que "associações morais e intelectuais" podiam ser encontradas entre associações voluntárias – que, ao contrário, parecem ter sido formadas apenas para a proteção de interesses especiais, de grupos de pressão e lobistas que os representavam em Washington. Não duvido de que a reputação dúbia dos lobistas seja merecida, assim como neste país tem sido amplamente merecida a reputação dúbia dos políticos. Contudo, o fato é que os grupos de pressão são também associações voluntárias, e que são reconhecidos em Washington, onde sua influência é suficientemente grande para eles serem chamados de "governo assistente".[76] De fato, o número de lobistas registrados excede de longe o número de congressistas.[77] Esse reconhecimento público não é pouca coisa, pois tal "assistência" não estava mais prevista na Constituição e em sua Primeira Emenda do que a liberdade de associação como uma forma de ação política.[78]

Sem dúvida "o perigo da desobediência civil é elementar",[79] mas não é diferente nem maior do que os perigos inerentes ao direito de livre associação, e esses Tocqueville, a despeito de sua admiração, não desconhecia. (John Stuart Mill, em sua resenha do primeiro volume de *Democracia na América*, formulou a essência da apreensão de Tocqueville:

---

76 Ver Carl Joachim Friedrich, *Constitutional Government and Democracy*, Boston, 1950, p. 464.

77 Edward S. Corwin, loc. cit.

78 Não tenho dúvida de que "a desobediência civil é um procedimento adequado para levar uma lei, que se acredita ser injusta ou inválida, para o tribunal ou perante a opinião pública". A questão é apenas "[...] se esse é de fato um dos direitos reconhecidos pela Primeira Emenda", nas palavras de Harrop A. Freeman, op. cit., p. 25.

79 Nicholas W. Puner, op. cit., p. 707.

"A capacidade de cooperação por um propósito comum, até então um instrumento de poder monopolizado nas mãos das classes mais altas, é agora um instrumento bastante formidável nas mãos das mais baixas".)[80] Tocqueville sabia que "o controle tirânico que essas sociedades exercem é muitas vezes mais insuportável do que a autoridade sobre a sociedade possuída pelo governo que elas atacam". Mas ele sabia também que "a liberdade de associação se tornou uma garantia necessária contra a tirania da maioria", que "um expediente perigoso é usado para evitar um perigo ainda mais formidável" e, por fim, que "é no gozo de uma liberdade perigosa que os norte-americanos aprendem a arte de tornar menos formidáveis os perigos da liberdade". Em todo caso, "se os seres humanos vão permanecer civilizados ou se tornar civilizados, a arte de se associarem deve crescer e melhorar *na mesma proporção em que a igualdade de condições aumenta*" (ênfase nossa).

Não precisamos entrar nos antigos debates sobre as glórias e os perigos da igualdade, o bem e o mal da democracia, para compreender que todos os demônios malignos poderiam ser libertados se o modelo contratual original das associações – promessas mútuas com o imperativo moral *pacta sunt servanda* – se perder. Sob as circunstâncias atuais, isso poderia acontecer se esses grupos, como seus equivalentes em outros países, substituíssem objetivos reais por compromissos ideológicos, políticos ou outros. Quando uma associação não é mais capaz ou não está mais disposta a unir "em um canal os esforços de mentes *divergentes*" (Tocqueville), ela perdeu seu dom para a ação. O que ameaça o movimento estudantil, o principal grupo de desobediência civil do momento, não é apenas o vandalismo, a violência, o mau temperamento e as piores maneiras, mas a infecção crescente do movimento com ideologias (maoísmo, castrismo, stalinismo, marxismo-leninismo e similares), que de fato dividem e dissolvem a associação.

A desobediência civil e a associação voluntária são fenômenos praticamente desconhecidos em qualquer outro lugar. (A terminologia política que as circunda cede apenas com grande dificuldade à tradução.) Muitas vezes foi dito que o gênio do povo inglês é seguir adiante apesar

80 Reimpresso como Introdução na edição Schocken Paperback de Tocqueville, 1961.

das dificuldades e que o gênio do povo norte-americano é desdenhar de considerações teóricas em favor da experiência pragmática e da ação prática. Isso é duvidoso. Inegável, contudo, é que o fenômeno da associação voluntária foi negligenciado e que a noção de desobediência civil apenas recentemente recebeu a atenção que merece. Em contraste com o objetor de consciência, o desobediente civil é membro de um grupo, e esse grupo, gostemos ou não, é formado de acordo com o mesmo espírito que tem inspirado associações voluntárias. A maior falácia no debate atual me parece ser a suposição de que estamos lidando com indivíduos, que se opõem subjetiva e conscientemente às leis e costumes da comunidade – uma suposição que é compartilhada pelos defensores e pelos detratores da desobediência civil. O fato é que estamos lidando com minorias organizadas que se opõem a maiorias supostamente desarticuladas, embora dificilmente "silenciosas", e penso que é inegável que essas maiorias têm mudado de humor e de opinião em um grau surpreendente sob a pressão das minorias. A esse respeito, é talvez uma infelicidade que nossos recentes debates tenham sido dominados amplamente por juristas – advogados, juízes e outros agentes da lei –, para os quais deve ser particularmente difícil reconhecer o desobediente civil como membro de um grupo em vez de vê-lo como um infrator individual e, portanto, um potencial réu no tribunal. A grandeza do procedimento do tribunal é, de fato, preocupar-se em fazer justiça a um indivíduo e permanecer alheio a todo o resto – ao *Zeitgeist* ou às opiniões que o réu pode compartilhar com outros e tentar apresentar ao tribunal. O único infrator não criminoso que o tribunal reconhece é o objetor de consciência, e a única adesão de grupo que ele conhece é a "conspiração" – uma acusação totalmente enganosa em tais casos, já que a conspiração requer não apenas "respirar junto", mas o sigilo, e a desobediência civil ocorre em público.

Apesar de a desobediência civil ser compatível com o *espírito* das leis norte-americanas, as dificuldades de incorporá-la ao sistema legal norte-americano e justificá-la em bases puramente legais parecem ser proibitivas. Mas essas dificuldades se seguem da natureza da lei em geral, não do espírito especial do sistema legal norte-americano. Obviamente, "a lei não pode justificar a violação da lei", mesmo que essa violação tenha como objetivo prevenir a violação de outra lei.[81] É uma questão completamente diferente se não seria possível encontrar um nicho reconhecido para a desobediência civil em nossas instituições do governo. Essa abordagem política do problema é fortemente sugerida pela recente negação de *certiorari*[82] da Suprema Corte em casos nos quais atos "ilegais e inconstitucionais" do governo relativos à guerra do Vietnã foram contestados, porque o tribunal achou que esses casos envolvem a chamada "doutrina da questão política", de acordo com a qual certos atos dos outros dois poderes, o Legislativo e o Executivo, "não são passíveis de revisão nos tribunais. O *status* e a natureza exatos da doutrina são muito controversos", e ela toda tem sido chamada de "um vulcão latente que agora pode estar prestes a cumprir sua longa promessa de entrar em erupção em controvérsia flamejante",[83] mas há pouca dúvida sobre a natureza daqueles atos sobre os quais o tribunal não decidirá e que, portanto, são deixados de fora dos controles legais. Esses atos são caracterizados por sua "gravidade"[84] e por "uma necessidade incomum de adesão sem questionamentos a uma decisão política já tomada".[85] Graham Hughes, a cujo excelente exame da doutrina da questão política eu muito devo, imediatamente acrescenta que "essas considerações [...] certamente parecem implicar *inter arma silent leges* e lançam dúvida sobre o aforismo de que é uma Constituição que está sendo explanada". Em outras palavras, a doutrina política é de fato essa brecha através da qual o princípio de soberania e a doutrina da razão de Estado podem se infiltrar, por assim dizer, em um sistema de governo que em princípio os nega.[86] Seja qual for a teoria, os fatos da questão sugerem que precisamente em temas cruciais a Suprema Corte não tem mais poder do que um tribunal internacional: ambos são incapazes de fazer cumprir decisões que feririam decisivamente os interesses

81 Carl Cohen, op. cit., p. 7.

82 *Certiorari* é, em geral, o processo de revisão feito pela Suprema Corte de uma decisão de um tribunal inferior. [N.T.]

83 Graham Hughes, op. cit., p. 7.

84 Alexander M. Bickle, como citado por Hughes, op. cit., p. 10.

85 Decisão do tribunal no caso Backer *versus* Carr, como citado por Hughes, ibid., p. 11.

86 Para citar a observação inicial do juiz James Wilson (em 1793): "Para a Constituição dos Estados Unidos, o termo soberania é totalmente desconhecido".

de Estados soberanos e ambos sabem que sua autoridade depende de prudência, isto é, de não levantar questões ou tomar decisões que não possam ser cumpridas.

O estabelecimento da desobediência civil entre nossas instituições políticas talvez seja o melhor remédio possível para essa falha máxima da revisão judicial. O primeiro passo seria obter para as minorias desobedientes civis o mesmo reconhecimento que é concedido a numerosos grupos de interesses especiais (grupos minoritários por definição) no país, e lidar com os grupos de desobedientes civis do mesmo modo como se lida com os grupos de pressão, que, por intermédio de seus representantes – isto é, lobistas registrados –, têm permissão para influenciar e "prestar assistência" ao Congresso por meio de persuasão, opinião qualificada e os números de seus eleitores. Essas minorias de opinião seriam então capazes de se estabelecerem como um poder que não apenas é "visto de longe" durante manifestações e outras dramatizações de seus pontos de vista, mas que está sempre presente e deve ser considerado no dia a dia do governo. O próximo passo seria admitir publicamente que a Primeira Emenda nem em linguagem, nem em espírito abrange o direito de associação como é realmente praticado neste país – esse privilégio precioso cujo exercício tem sido de fato (como Tocqueville percebeu) "incorporado aos modos e hábitos do povo" há séculos. Se há algo que requer urgentemente uma nova emenda constitucional e vale todos os problemas que vêm com ela, é certamente isso.

Talvez uma emergência fosse necessária antes que pudéssemos encontrar um lar para a desobediência civil, não só em nossa linguagem política, mas também em nosso sistema político. Uma emergência está certamente à mão quando as instituições estabelecidas de um país deixam de funcionar devidamente e sua autoridade perde o poder, e é uma tal emergência hoje nos Estados Unidos que tem convertido a associação voluntária em desobediência civil e transformado dissensão em resistência. É de conhecimento comum que essa condição de emergência latente ou aberta prevalece no presente – e, de fato, tem prevalecido por algum tempo – em boa parte do mundo. A novidade é que este país não é mais uma exceção. Se nossa forma de governo vai sobreviver a este século é algo incerto, mas também é incerto que não vá. Wilson Carey McWilliams disse sabiamente: "Quando as instituições falham, a sociedade política depende de indivíduos, e indivíduos são caniços frágeis, propensos a aceitar – se não a praticar – a iniquidade".[87] Desde que o Pacto do Mayflower foi redigido e assinado sob um tipo diferente de emergência, associações voluntárias têm sido o remédio especificamente norte-americano para a falha das instituições, a falta de confiabilidade dos seres humanos e a natureza incerta do futuro. Diferentemente de outros países, esta república, apesar do grande tumulto da mudança e do fracasso pelo qual passa no presente, pode ainda estar de posse de seus instrumentos tradicionais para enfrentar o futuro com alguma confiança.

87 Op. cit., p. 226.

SOBRE A VIOLÊNCIA

I

Estas reflexões foram provocadas pelos eventos e debates dos últimos anos vistos contra o pano de fundo do século XX, que tem se tornado, de fato, como Lênin previu, um século de guerras e revoluções, e por isso um século dessa violência que se acredita ser atualmente seu denominador comum. Há, contudo, outro fator na situação presente que, embora ninguém tenha previsto, é ao menos de igual importância. O desenvolvimento técnico dos implementos de violência alcança agora o ponto no qual nenhuma meta política poderia corresponder de maneira concebível ao seu potencial destrutivo ou justificar seu uso real em conflito armado. Assim, a guerra – desde tempos imemoriais o árbitro final impiedoso em disputas internacionais – perdeu muito de sua efetividade e quase todo o seu glamour. O "apocalíptico" jogo de xadrez entre as superpotências, isto é, entre aquelas que se movem no plano mais alto de nossa civilização, está sendo jogado de acordo com a regra "se alguém 'ganhar' é o fim de ambos".[1] É um jogo que não sustenta nenhuma semelhança com quaisquer outros jogos de guerra precedentes. Sua meta "racional" é a dissuasão, não a vitória, e a corrida armamentista, não mais uma preparação para a guerra, pode agora ser justificada apenas nas bases de que mais e mais dissuasão é a melhor garantia de paz. Para

1 Harvey Wheeler, "The Strategic Calculators", in Nigel Calder, *Unless Peace Comes*, Nova York, 1968, p. 109.

a questão sobre como seremos capazes de nos livrar da óbvia insanidade dessa posição, não há resposta.

Já que a violência – diferentemente do poder, da força ou do vigor – sempre precisa de *implementos* (como Engels indicou tempos atrás),[2] a revolução da tecnologia, uma revolução na fabricação de ferramentas, foi especialmente marcante na guerra. A própria substância da ação violenta é governada pela categoria de meios e fins, cuja principal característica, se aplicada aos assuntos humanos, sempre tem sido que o fim está sob o perigo de ser sobrepujado pelos meios que ele justifica e que são necessários para alcançá-lo. Já que o fim da ação humana, diferentemente dos produtos finais da fabricação, nunca pode ser previsto com confiança, os meios usados para alcançar metas políticas são na maioria das vezes de maior relevância para o mundo futuro do que as metas pretendidas.

Além disso, enquanto os resultados das ações dos homens estão além do controle dos atores, a violência abriga em si um elemento adicional de arbitrariedade. Em nenhum lugar a Fortuna, a boa ou a má sorte, desempenha um papel mais fatal nos assuntos humanos do que no campo de batalha, e essa intrusão do completamente inesperado não desaparece quando as pessoas o chamam um "evento aleatório" e o consideram cientificamente suspeito; nem pode ela ser eliminada por simulações, roteiros, teorias de jogos e similares. Não há certeza nesses assuntos, nem mesmo uma certeza última de destruição recíproca sob certas circunstâncias calculadas. O próprio fato de que aqueles envolvidos no aperfeiçoamento dos meios de destruição finalmente alcançaram um nível de desenvolvimento técnico no qual seu objetivo – a saber, a guerra – está a ponto de desaparecer completamente em virtude dos meios à sua disposição[3] é como um lembrete irônico dessa imprevisibilidade onipresente, que encontramos no momento em que abordamos o domínio da violência. A principal razão de a guerra ainda estar conosco

---

2 *Herrn Eugen Dührings Umwälzung der Wissenschaft* (1878), Parte II, capítulo 3.

3 Como o general André Beaufre, em "Battlefields of the 1980s", aponta: Apenas "naquelas partes do mundo não cobertas pela dissuasão nuclear" a guerra ainda é possível, e mesmo essa "guerra convencional", apesar de seu horror, é realmente já limitada pela ameaça sempre presente da escalada para uma guerra nuclear. (In Calder, op. cit., p. 3.)

não é nem um desejo secreto de morte da espécie humana, nem um instinto irreprimível de agressão, nem, finalmente, e de modo mais plausível, os riscos econômicos e sociais inerentes ao desarmamento,[4] mas o simples fato de nenhum substituto para esse árbitro final nos assuntos internacionais ainda ter aparecido na cena política. Hobbes não estava certo quando disse: "Contratos, sem a espada, são meras palavras"?

Nem é provável que um substituto apareça enquanto a independência nacional, a saber, a liberdade em relação a um governo externo, e a soberania do Estado, a saber, a reivindicação de poder ilimitado e irrestrito em relações exteriores, são identificadas. (Os Estados Unidos da América estão entre os poucos países onde uma devida separação entre liberdade e soberania é ao menos teoricamente possível uma vez que as próprias fundações da república norte-americana não seriam ameaçadas por ela. Tratados internacionais, de acordo com a Constituição, são parte e parcela da lei do país, e – como o juiz James Wilson destacou em 1793 –, "para a Constituição dos Estados Unidos, o termo soberania é totalmente desconhecido". Mas os tempos de tal separação orgulhosa e lúcida da linguagem tradicional e do quadro político conceitual do Estado-nação europeu há muito passaram. A herança da Revolução Americana está esquecida, e o governo norte-americano, para melhor e para pior, aderiu à herança da Europa como se fosse seu patrimônio – sem saber, infelizmente, do fato de que o declínio do poder da Europa foi precedido e acompanhado pela falência política, a falência do Estado-nação e seu conceito de soberania.) Que a guerra seja ainda a *ultima ratio*, a velha continuação da política por meios de violência, nas relações exteriores dos países subdesenvolvidos não é argumento contra sua

---

4 *Report from Iron Mountain*, New York, 1967, a sátira sobre a forma de pensamento da Rand Corporation e de outros *think tanks*, provavelmente está mais próxima da realidade, com seu "olhar tímido sobre a fronteira da paz", do que muitos estudos "sérios". Seu principal argumento, de que a guerra é tão essencial para o funcionamento de nossa sociedade que não ousamos aboli-la a menos que encontremos meios ainda mais mortíferos de lidar com nossos problemas, só vai chocar aqueles que tenham se esquecido em que medida a crise do desemprego da Grande Depressão foi resolvida apenas pela eclosão da Segunda Guerra Mundial, ou aqueles que negam convenientemente ou questionam a extensão do desemprego latente atual por trás de várias formas de manutenção de empregos pela ação dos sindicatos. [A última palavra é *featherbedding*, que designa práticas de sindicatos para contratar mais trabalhadores do que o necessário. (N.T.)]

obsolescência, e o fato de que apenas países pequenos sem armas biológicas e nucleares podem ainda arcar com ela não é consolo. Não é segredo para ninguém que o famoso evento aleatório é mais provável de surgir daquelas partes do mundo onde o velho adágio "Não há alternativa à vitória" guarda um alto grau de plausibilidade.

Sob essas circunstâncias, há, de fato, poucas coisas mais assustadoras do que o prestígio em crescimento constante dos especialistas com mentalidade científica nos conselhos governamentais durante a última década. O problema não é que eles têm sangue-frio o suficiente para "pensar o impensável", mas que eles não *pensam*. Em vez de se entregarem a uma atividade não computadorizável e antiquada, eles calculam as consequências de certas constelações assumidas hipoteticamente sem, contudo, serem capazes de testar suas hipóteses contra ocorrências reais. A falha lógica nessas construções hipotéticas de eventos futuros é sempre a mesma: o que inicialmente aparece como uma hipótese – com ou sem suas alternativas implícitas, de acordo com o nível de sofisticação – se transforma imediatamente, geralmente depois de alguns parágrafos, em um "fato", que então faz nascer toda uma cadeia de não fatos similares, com o resultado de que o caráter puramente especulativo da coisa toda é esquecido. Desnecessário dizer, isso não é ciência, mas pseudociência, "a tentativa desesperada das ciências sociais e do comportamento", nas palavras de Noam Chomsky, "de imitar as características superficiais das ciências que realmente têm conteúdo intelectual significativo". E a mais óbvia e "mais profunda objeção a esse tipo de teoria estratégica não é sua utilidade limitada, mas seu perigo, pois pode nos levar a acreditar que temos uma compreensão dos eventos e um controle sobre seu fluxo que nós não temos", como Richard N. Goodwin recentemente indicou em um artigo de revisão que tinha a rara virtude de detectar o "humor inconsciente" característico de muitas dessas teorias pseudocientíficas pomposas.[5]

Eventos, por definição, são ocorrências que interrompem processos de rotina e procedimentos de rotina. Apenas em um mundo no qual

5 Noam Chomsky in *American Power and the New Mandarins*, New York, 1969; resenha de Richard N. Goodwin de *Arms and Influence*, de Thomas C. Schelling, Yale, 1966, in *The New Yorker*, 17 de fevereiro de 1968.

nada de importante acontece os sonhos dos futurólogos poderiam se realizar. Previsões do futuro não são nada além de projeções dos processos e procedimentos automáticos do presente, isto é, de ocorrências que são suscetíveis de acontecer se os homens não agirem e se nada inesperado acontecer. Toda ação, para melhor ou para pior, e todo acidente destroem necessariamente todo padrão em cujo quadro a predição se move e no qual encontra sua evidência. (A observação de passagem de Proudhon de que "A fecundidade do inesperado excede de longe a prudência do estadista" felizmente ainda é verdadeira. Excede ainda mais obviamente os cálculos do especialista.) Chamar tais acontecimentos inesperados, imprevistos e imprevisíveis de "eventos aleatórios" ou "os últimos suspiros do passado", condenando-os à irrelevância ou à "lata de lixo da história", é o mais velho truque do ramo. O truque, sem dúvida, ajuda a esclarecer a teoria, mas ao preço de afastá-la cada vez mais da realidade. O perigo é que essas teorias não são apenas plausíveis, porque tiram suas evidências de tendências atuais realmente discerníveis, mas que, por causa de sua consistência inerente, têm um efeito hipnótico. Elas põem para dormir nosso senso comum, que nada mais é que nosso órgão mental para perceber, compreender e lidar com a realidade e a factualidade.

Ninguém ocupado em pensar sobre a história e a política pode permanecer alheio ao enorme papel que a violência tem desempenhado desde sempre nas relações humanas, e à primeira vista é bastante surpreendente que a violência seja tão raramente destacada para uma consideração especial.[6] (Na última edição da Enciclopédia de Ciências Sociais "violência" não tem sequer verbete.) Isso mostra em que extensão a violência e sua arbitrariedade foram subestimadas e, portanto, negligenciadas. Ninguém questiona ou examina o que é óbvio para todos. Aqueles que viram só violência nos assuntos humanos, convencidos de que estes foram "sempre casuais, não sérios, não precisos" (Renan) ou de que Deus estava sempre com os maiores batalhões, não tinham mais nada a dizer sobre violência ou história. Qualquer um procurando algum tipo de sentido nos registros do passado foi quase obrigado a ver a violência como um fenômeno marginal. Seja Clausewitz chamando

---

6 Existe, claro, uma ampla literatura sobre guerra e conflitos armados, mas ela lida com os implementos da violência, não com a violência como tal.

a guerra de "continuação da política por outros meios", ou Engels definindo violência como o acelerador do desenvolvimento econômico,[7] a ênfase é sobre a continuidade econômica ou política, sobre a continuidade de um processo que permanece determinado pelo que precedeu a ação violenta. Assim, estudiosos de relações internacionais sustentaram até recentemente que "era uma máxima que uma resolução militar em desacordo com fontes culturais mais profundas de poder nacional não podia ser estável", ou que, nas palavras de Engels, "sempre que a estrutura de poder de um país contradiz seu desenvolvimento econômico" é o poder político com seus meios de violência que sofrerá a derrota.[8]

Hoje todas essas antigas verdades sobre a relação entre guerra e política ou sobre violência e poder têm se tornado inaplicáveis. A Segunda Guerra Mundial não foi seguida pela paz, mas por uma guerra fria e pelo estabelecimento do complexo militar-industrial-laboral. Falar na "prioridade do potencial de fazer-guerra como a força estruturante principal da sociedade", afirmar que "os sistemas econômicos, filosofias políticas e *corpora juris* servem e estendem o sistema de guerra, não vice-versa", concluir que "a própria guerra é o sistema social básico, dentro do qual outros modos secundários de organização social entram em conflito e conspiram" – tudo isso soa muito mais plausível do que as fórmulas do século XIX de Clausewitz ou Engels. Ainda mais conclusivo do que essa simples inversão proposta pelo autor anônimo do *Report from Iron Mountain* [Relatório da Montanha de Aço] – em vez de a guerra ser "uma extensão da diplomacia (ou da política, ou da busca por objetivos econômicos)", a paz é a continuação da guerra por outros meios – é o real desenvolvimento nas técnicas de guerra. Nas palavras do físico russo Sakharov, "Uma guerra termonuclear não pode ser considerada uma continuação da política por outros meios (de acordo com a fórmula de Clausewitz). Seria um meio de suicídio universal".[9]

Além disso, sabemos que "poucas armas poderiam aniquilar todas as outras fontes de poder nacional em poucos minutos",[10] que têm sido

7 Ver Engels, op. cit., Parte II, capítulo 4.

8 Wheeler, op. cit., p. 107; Engels, ibidem.

9 Andrei D. Sakharov, *Progress, Coexistence, and Intellectual Freedom*, Nova York, 1968, p. 36.

10 Wheeler, ibidem.

inventadas armas biológicas que impediriam que "pequenos grupos de indivíduos [...] perturbassem o equilíbrio estratégico" e seriam baratas o suficiente para serem produzidas por "nações incapazes de desenvolver forças de ataque nuclear",[11] que "em poucos anos" soldados robôs terão tornado "soldados humanos completamente obsoletos",[12] e que, finalmente, na guerra convencional os países pobres são muito menos vulneráveis do que as grandes potências precisamente porque eles são "subdesenvolvidos", e porque a superioridade técnica pode "ser muito mais uma suscetibilidade do que uma vantagem" em guerras de guerrilha.[13] Todas essas novidades desconfortáveis resultam numa inversão completa na relação entre poder e violência, prenunciando outra inversão na futura relação entre pequenas e grandes potências. A quantidade de violência à disposição de qualquer país poderá em breve não ser uma indicação confiável da força do país ou uma garantia confiável contra a destruição por uma potência substancialmente menor e mais fraca. E há nisso uma similaridade sinistra com um dos *insights* mais antigos da ciência política, a saber, que o poder não pode ser medido em termos de riqueza, que uma riqueza abundante pode corroer o poder, que as riquezas são particularmente perigosas para o poder e o bem-estar de repúblicas – um *insight* que não perde a validade por ter sido esquecido, especialmente em um tempo no qual sua verdade tem adquirido uma nova dimensão de validade por tornar-se aplicável também ao arsenal de violência.

Quanto mais a violência se torna um instrumento dúbio e incerto nas relações internacionais, mais ganha em reputação e apelo nos assuntos domésticos, especificamente na questão da revolução. A forte retórica marxista da Nova Esquerda coincide com o crescimento constante da convicção inteiramente não marxista, proclamada por Mao Tsé-Tung, de que "o poder nasce do cano de uma arma". De fato, Marx estava ciente do papel da violência na história, mas esse papel era secundário para ele; não a violência, mas as contradições inerentes à antiga sociedade levaram ao seu fim. A emergência de uma nova sociedade foi

---

11 Nigel Calder, "The New Weapons", in op. cit., p. 239.

12 M. W. Thring, "Robots on the March", in Calder, op. cit., p. 169.

13 Vladimir Dedijer, "The Poor Man's Power", in Calder, op. cit., p. 29

precedida, mas não causada, por revoltas violentas, que ele compara às dores do parto que precedem, mas evidentemente não causam, o evento do nascimento orgânico. No mesmo sentido, ele via o Estado como um instrumento de violência sob o comando da classe dominante, mas o real poder da classe dominante não consistia em e nem se baseava na violência. Ele era definido pelo papel que a classe dominante desempenhava na sociedade, ou, mais exatamente, pelo seu papel no processo de produção. Tem sido observado muitas vezes, e às vezes lamentado, que a esquerda revolucionária sob a influência dos ensinamentos de Marx descartou o uso de meios violentos. A "ditadura do proletariado" – abertamente repressiva nos escritos de Marx – vinha depois da revolução e deveria, a exemplo da ditadura romana, durar por um período estritamente limitado. O assassinato político, exceto por poucos atos de terror individual perpetrados por pequenos grupos de anarquistas, era majoritariamente a prerrogativa da direita, enquanto revoltas armadas organizadas permaneceram a especialidade dos militares. A esquerda continuou convencida "de que todas as conspirações não são apenas inúteis, mas nocivas. Eles [sabiam] muito bem que revoluções não são feitas intencionalmente e arbitrariamente, mas que eram sempre e em todos os lugares o resultado necessário de circunstâncias totalmente independentes da vontade e da orientação de partidos específicos e de classes inteiras".[14]

No nível da teoria há poucas exceções. Georges Sorel, que no início do século tentou combinar o marxismo com a filosofia de vida de Bergson – o resultado, embora em um nível bem mais baixo de sofisticação, é estranhamente similar ao amálgama corrente de Sartre de existencialismo e marxismo –, pensou na luta de classes em termos militares; ainda assim, terminou propondo nada mais violento que o famoso mito da greve geral, uma forma de ação que nós hoje pensaríamos como pertencendo antes ao arsenal da política não violenta. Cinquenta anos atrás, mesmo essa proposta modesta lhe rendeu a reputação de ser um fascista, não obstante sua aprovação entusiasmada de Lênin e da Revolução Russa. Sartre, que em seu prefácio do livro *Os condenados da terra*

14 Devo essa observação inicial de Engels, no manuscrito de 1847, a Jacob Barion, *Hegel und die marxistische Staatslehre*, Bonn, 1963.

de Fanon vai muito mais longe em sua glorificação da violência do que Sorel em seu famoso livro *Reflexões sobre a violência* – mais longe que o próprio Fanon, cujo argumento ele deseja levar à sua conclusão –, ainda menciona as "falas fascistas de Sorel". Isso mostra o quanto Sartre ignora seu desacordo básico com Marx sobre a questão da violência, especialmente quando afirma que "violência irrepreensível [...] é o ser humano recriando a si mesmo", que é pela "fúria louca" que os "condenados da terra" podem "se tornar seres humanos". Essas noções são ainda mais notáveis porque a ideia do ser humano criando a si mesmo está estritamente na tradição do pensamento hegeliano e marxista; é a própria base de todo o humanismo de esquerda. Mas de acordo com Hegel o ser humano "produz" a si mesmo pelo pensamento,[15] ao passo que, para Marx, que virou o "idealismo" de Hegel de cabeça para baixo, era o trabalho, a forma humana de metabolismo com a natureza, que cumpria essa função. E, embora se possa argumentar que todas as noções do ser humano criando a si mesmo têm em comum uma rebelião contra a própria factualidade da condição humana – nada é mais óbvio que o fato de que o ser humano, quer como membro da espécie, quer como um indivíduo, *não* deve sua existência a si mesmo – e que portanto o que Sartre, Marx e Hegel têm em comum é mais relevante do que as atividades particulares mediante as quais esse não-fato presumivelmente deveria ter acontecido, embora não se possa negar que um abismo separa as atividades essencialmente pacíficas de pensar e de trabalhar de todos os atos de violência. "Atirar em um europeu é matar dois pássaros com uma pedra [...] permanecem um homem morto e um homem livre", diz Sartre em seu prefácio. Essa é uma sentença que Marx jamais poderia ter escrito.[16]

Citei Sartre para mostrar que essa nova guinada para a violência no pensamento dos revolucionários pode passar despercebida mesmo por um de seus mais representativos e articulados porta-vozes,[17] e é ainda mais notável por evidentemente não ser uma noção abstrata na história

---

15 É bastante sugestivo que Hegel fale nesse contexto de "*Sichselbstproduzieren*" [produzir-se a si mesmo]. Ver *Vorlesung über die Geschichte der Philosophie*, ed. Hoffmeister, p. 114, Leipzig, 1938.

16 Ver Apêndice I, p. 148.

17 Ver Apêndice II, p. 149.

das ideias. (Se viramos o *conceito* "idealista" de pensamento de cabeça para baixo, poderemos chegar ao *conceito* "materialista" de trabalho; nunca chegaremos à noção de violência.) Sem dúvida tudo isso tem uma lógica própria, mas é uma lógica que surge da experiência, e essa experiência era completamente desconhecida de qualquer geração anterior.

O *páthos* e o *élan* da Nova Esquerda, sua credibilidade, por assim dizer, estão estreitamente vinculados com o estranho desenvolvimento suicida das armas modernas. Essa é a primeira geração a crescer sob a sombra da bomba atômica. Eles herdaram da geração de seus pais a experiência de uma intrusão massiva de violência criminosa na política: eles aprenderam no ensino médio e na faculdade sobre os campos de concentração e de extermínio, sobre genocídio e tortura,[18] sobre o morticínio indiscriminado de civis na guerra sem o qual as operações militares modernas não são mais possíveis, mesmo se restritas às armas "convencionais". Sua primeira reação foi uma repulsa contra toda forma de violência, uma adesão quase natural a uma política de não violência. Os maiores sucessos desse movimento, especialmente no âmbito dos direitos civis, foram seguidos pelo movimento de resistência contra a guerra no Vietnã, que permanece um fator importante para determinar o clima de opinião nos Estados Unidos. Mas não é segredo que as coisas mudaram desde então, que os partidários da não violência estão na defensiva, e seria inútil dizer que apenas os "extremistas" estão cedendo a uma glorificação da violência e têm descoberto – como os camponeses argelinos de Fanon – que "só a violência compensa".[19]

---

18 Noam Chomsky percebeu corretamente entre os motivos da rebelião aberta a recusa "a se colocar ao lado do 'bom alemão' que todos aprendemos a desprezar". Op. cit., p. 368.

19 Frantz Fanon, *Os condenados da terra* (1961), edição da Grove Press, 1968, p. 61. Estou usando esse trabalho por causa de sua grande influência na atual geração de estudantes. O próprio Fanon, contudo, duvida muito mais da violência do que seus admiradores. Parece que apenas o primeiro capítulo do livro, "Sobre a violência", tem sido amplamente lido. Fanon sabe da "brutalidade pura e total [que], se não imediatamente combatida, invariavelmente leva à derrota do movimento em poucas semanas".
Para a recente escalada da violência no movimento estudantil, ver a instrutiva série "Gewalt" [Violência] na revista alemã *Der Spiegel* (10 de fevereiro de 1969 ss.), e a série "Mit dem Latein am Ende" [Com o latim no fim; em tradução literal] (nº 26 e 27, 1969).

Os novos militantes têm sido denunciados como anarquistas, niilistas, fascistas vermelhos, nazistas e, com muito mais justificativa, "destruidores ludditas de máquinas",[20] e os estudantes têm respondido com os slogans igualmente sem sentido de "Estado policial" ou "fascismo latente do capitalismo tardio", e, com muito mais justificativa, "sociedade de consumo".[21] Seu comportamento tem sido atribuído a todos os tipos de fatores sociais e psicológicos – a uma permissividade excessiva em sua educação nos Estados Unidos e a uma reação explosiva a um excesso de autoridade na Alemanha e no Japão, à falta de liberdade no Leste Europeu e a um excesso de liberdade no Ocidente, à desastrosa falta de trabalho para estudantes de sociologia na França e à superabundância de carreiras em quase todos os campos nos Estados Unidos –, todos parecendo localmente plausíveis o suficiente, mas são claramente desmentidos pelo fato de que a rebelião estudantil é um fenômeno global. Um denominador social comum do movimento parece fora de questão, mas é verdade que psicologicamente essa geração parece em todos os lugares caracterizada pela coragem pura, por uma surpreendente vontade de ação e por uma não menos surpreendente confiança na possibilidade de mudança.[22] Mas essas qualidades não são causas, e,

20 Ver Apêndice III, p. 150.

21 O último desses epítetos faria sentido se fosse dito com um sentido descritivo. Por trás dele, contudo, está a ilusão da sociedade de produtores livres de Marx, a liberação das forças produtivas da sociedade, que, de fato, tem sido realizada não pela revolução, mas pela ciência e pela tecnologia. Essa liberação, além do mais, não é acelerada, mas seriamente retardada, em todos os países que passaram por uma revolução. Em outras palavras, por trás de sua denúncia do consumo está a idealização da produção, e com ela a velha idolatria da produtividade e da criatividade. "A alegria da destruição é uma alegria criativa" – sim, de fato, se acreditamos que "a alegria do trabalho" é produtiva; a destruição é quase o único "trabalho" que restou que pode ser feito com simples implementos sem a ajuda de máquinas, apesar de as máquinas fazerem o trabalho, é claro, de modo muito mais eficiente.

22 Esse apetite por ação é especialmente perceptível em empreendimentos pequenos e relativamente inofensivos. Estudantes fizeram uma greve bem-sucedida contra as autoridades do *campus*, que estavam pagando aos empregados da cafeteria, dos prédios e áreas abertas menos que o mínimo legal. A decisão dos estudantes de Berkeley de se juntarem à luta para transformar um lote vazio de propriedade da universidade em um "Parque do Povo" pode ser considerada entre essas empreitadas, embora tenha provocado a pior reação das autoridades até agora. A julgar pelo incidente em Berkeley,

se perguntamos o que realmente acarretou todo esse desenvolvimento inesperado nas universidades em todo o mundo, parece absurdo ignorar o fator mais óbvio e talvez o mais potente, para o qual, além do mais, não existe precedente e análogo – o simples fato de que o "progresso" tecnológico está conduzindo em tantas instâncias direto ao desastre;[23] que as ciências, ensinadas e aprendidas por essa geração, parecem não meramente incapazes de desfazer as consequências desastrosas de sua própria tecnologia, mas alcançaram um estágio em seu desenvolvimento no qual "não há nenhuma maldita coisa que você possa fazer que não possa ser transformada em guerra".[24] (De fato, nada é mais importante para a integridade das universidades – que, nas palavras do senador Fulbright, traíram uma confiança pública quando se tornaram dependentes dos projetos de pesquisa patrocinados pelo governo[25] – do que uma separação rigorosamente imposta à pesquisa orientada para a guerra e todos os empreendimentos conectados. Mas seria ingênuo esperar que isso mudasse a natureza da ciência moderna ou impedisse o esforço de guerra; ingênuo também negar que a limitação resultante pode muito bem levar a um rebaixamento dos padrões da universidade.[26] A única coisa à qual essa separação provavelmente não levará é a uma retirada geral dos fundos federais. Pois, como Jerome Lettvin, do MIT, recentemente apontou: "O governo não pode se dar ao luxo de não nos apoiar"[27] – assim como as universidades não podem se dar ao luxo de não aceitar os fundos federais. Mas isso significa apenas que eles "devem aprender como esterilizar suporte financeiro" (Henry Steele Commager), uma tarefa difícil, mas não impossível, em vista do enorme

---

parece que precisamente tais ações "não políticas" unificam o corpo estudantil por trás de uma vanguarda radical. "Um referendo estudantil, que viu o maior comparecimento na história do voto estudantil, constatou que 85% dos quase 15 mil que votaram eram favoráveis ao uso do lote" como um parque do povo. Ver o excelente relato de Sheldon Wolin e John Schaar, "Berkeley: The Battle of People's Park", *New York Review of Books*, 19 de junho de 1969.

23 Ver Apêndice IV, p. 152.

24 Assim, Jerome Lettvin, do MIT, no *New York Times Magazine*, 18 de maio de 1969.

25 Ver Apêndice V, p. 153.

26 O constante desvio da pesquisa básica das universidades para os laboratórios industriais é muito significativo e um exemplo disso.

27 Loc. cit.

crescimento do poder das universidades nas sociedades modernas.) Em resumo, a proliferação aparentemente irresistível de técnicas e máquinas, longe de apenas ameaçar de desemprego certas classes, coloca em perigo a existência de todas as nações e concebivelmente de toda a humanidade.

É apenas natural que a nova geração viva com um maior discernimento da possibilidade do apocalipse do que aqueles "com mais de trinta", não porque são mais jovens, mas porque essa foi sua primeira experiência decisiva no mundo. (Aquilo que para nós são "problemas" "é incutido na carne e no sangue dos jovens".)[28] Se você fizer para um membro dessa geração duas perguntas simples: "Como você quer que seja o mundo daqui a cinquenta anos?" e "O que você quer que seja sua vida daqui a cinco anos?", as respostas são com bastante frequência precedidas de "Se ainda houver um mundo" e "Se eu ainda estiver vivo". Nas palavras de George Wald, "o que nós estamos enfrentando é uma geração que não tem certeza de que tem um futuro".[29] Pois o futuro, como Spender coloca, é "como uma bomba-relógio enterrada, mas fazendo tique-taque, no presente". Para a muito ouvida questão "Quem são eles, essa nova geração?", somos tentados a responder: "Aqueles que ouvem o tique-taque". E à outra questão, "Quem são aqueles que os negam totalmente?", a resposta pode muito bem ser: "Aqueles que não sabem, ou se recusam a encarar, as coisas como elas realmente são".

A rebelião estudantil é um fenômeno global, mas suas manifestações variam muito, é claro, de país para país, muitas vezes de universidade para universidade. Isso é verdadeiro especialmente no que diz respeito à prática da violência. A violência tem permanecido principalmente uma questão de teoria e retórica na qual o conflito de gerações não coincide com um conflito de interesses tangíveis de grupo. Foi notavelmente assim na Alemanha, onde o corpo docente titular tinha um interesse declarado em palestras e seminários superlotados. Nos Estados Unidos, o movimento estudantil se radicalizou seriamente onde quer que a polícia e a brutalidade policial interviessem em manifestações essencialmente não violentas: ocupações de prédios administrativos, paralisações etc. A violência séria entrou em cena apenas com o aparecimento do

---

28 Stephen Spender, *The Year of the Young Rebels*, Nova York, 1969, p. 179.

29 George Wald in *The New Yorker*, 22 de março de 1969.

movimento Black Power nos *campi*. Estudantes negros, a maioria deles admitidos sem qualificação acadêmica, viam a si mesmos e se organizaram como um grupo de interesse, os representantes da comunidade negra. Seu interesse era rebaixar os padrões acadêmicos. Eram mais cautelosos do que os rebeldes brancos, mas ficou nítido desde o início (mesmo antes dos incidentes na Universidade de Cornell e no City College em Nova York) que a violência com eles não era uma questão de teoria e retórica. Além disso, enquanto a revolta estudantil nos países ocidentais não pode contar em lugar nenhum com o apoio popular fora das universidades e geralmente é vista com hostilidade no momento em que usa meios violentos, há uma grande minoria da comunidade negra por trás da violência verbal ou real dos estudantes negros.[30] A violência dos negros pode de fato ser entendida em analogia com a violência trabalhista nos Estados Unidos uma geração antes; e, apesar de, até onde sei, apenas Staughton Lynd ter esboçado explicitamente a analogia entre os levantes trabalhistas e a rebelião estudantil,[31] parece que o *establishment* acadêmico, em sua curiosa tendência a ceder mais às demandas dos negros, mesmo que elas sejam claramente bobas e ultrajantes,[32] do que às reivindicações morais desinteressadas e geralmente mais elevadas dos rebeldes brancos, também pensa nesses termos e se sente mais confortável quando confrontado com interesses somados à violência do que quando se trata de uma questão de "democracia participativa" não violenta. A rendição das autoridades universitárias às demandas dos negros tem sido explicada frequentemente pelo "sentimento de culpa" da comunidade branca. Penso que é mais provável que os docentes, assim como os administradores e conselheiros, estejam mais ou menos cientes da verdade óbvia de uma conclusão do *Relatório* [oficial] *sobre a violência nos Estados Unidos*: "Força e violência tendem a ser técnicas bem-sucedidas de controle social e persuasão quando dispõem de amplo apoio popular".[33]

---

30 Ver Apêndice VI, p. 155.

31 Ver Apêndice VII, p. 155.

32 Ver Apêndice VIII, p. 156.

33 Ver o relatório da Comissão Nacional sobre as Causas e Prevenção da Violência, junho de 1969, como citado do *The New York Times*, 6 de junho de 1969.

A nova e inegável glorificação da violência pelo movimento estudantil tem uma peculiaridade curiosa. Enquanto a retórica dos novos militantes é claramente inspirada em Fanon, seus argumentos teóricos contêm usualmente nada além de uma mixórdia de todos os tipos de sobras marxistas. Isso é de fato bastante desconcertante para qualquer um que tenha lido Marx ou Engels. Quem poderia chamar de marxista uma ideologia que coloca sua fé nos "ociosos sem classe" acredita que "no lumpemproletariado a rebelião encontrará sua vanguarda urbana" e confia que "os gângsteres iluminarão o caminho para o povo"?[34] Sartre, com sua grande felicidade com as palavras, deu expressão à nova fé. "A violência", ele agora acredita, com base no livro de Fanon, "como a lança de Aquiles, pode curar as feridas que ela infligiu". Se isso fosse verdade, a vingança seria a panaceia para a maioria de nossos males. Esse mito é mais abstrato, mais distante da realidade do que jamais foi o mito de Sorel de uma greve geral. Está no mesmo nível dos piores excessos retóricos de Fanon, tais como "a fome com dignidade é preferível ao pão comido na escravidão". Nenhuma história e nenhuma teoria são necessárias para refutar essa afirmação; o observador mais superficial dos processos que ocorrem no corpo humano conhece sua falsidade. Mas, tivesse ele dito que o pão comido com dignidade é preferível ao bolo comido na escravidão, o ponto retórico teria sido perdido.

Lendo essas afirmações grandiloquentes e irresponsáveis – e aquelas que citei são bastante representativas, exceto pelo fato de que Fanon ainda consegue ficar mais perto da realidade do que a maioria – e olhando-as da perspectiva do que sabemos sobre a história das rebeliões e das revoluções, somos tentados a negar seu significado, atribuí-las a um humor passageiro, ou à ignorância e à nobreza de sentimento de pessoas expostas a eventos e desenvolvimentos sem precedentes, sem quaisquer meios de lidar com eles mentalmente, e que, portanto, curiosamente ressuscitam pensamentos e emoções dos quais Marx esperava ter libertado a revolução de uma vez por todas. Quem alguma vez duvidou de que o violado sonha com a violência, que os oprimidos "sonham ao menos uma vez por dia em ocuparem" eles mesmos o lugar do opressor, que os pobres sonham com as posses dos ricos, os perseguidos em trocar "o

---

34 Fanon, op. cit., p. 130, 129 e 60, respectivamente.

papel de presa pelo do de caçador", e os últimos sonham com o reino onde "o último será o primeiro, e o primeiro o último"?[35] O ponto, como Marx o via, é que sonhos nunca se realizam.[36] A raridade das rebeliões de escravos e de revoltas entre os deserdados e oprimidos é notória. Nas poucas ocasiões em que ocorreram, foi precisamente a "fúria louca" que transformou sonhos em pesadelos para todos. Em nenhum caso, até onde sei, a força dessas explosões "vulcânicas" foi, nas palavras de Sartre, "igual à pressão colocada sobre eles". Identificar os movimentos de liberação nacional com tais explosões é profetizar sua desgraça – sem contar com o fato de que a improvável vitória não resultaria em uma mudança do mundo (ou do sistema), mas apenas de seu pessoal. Pensar, finalmente, que há uma tal coisa como uma "União do Terceiro Mundo", para a qual poderíamos dirigir o novo slogan na era da descolonização "Nativos de todos os países subdesenvolvidos, uni-vos!" (Sartre), é repetir as piores ilusões de Marx em uma escala muito ampliada e com consideravelmente menos justificativa. O Terceiro Mundo não é uma realidade, mas uma ideologia.[37]

A questão permanece sendo por que tantos dos novos pregadores da violência não percebem seu desacordo decisivo com os ensinamentos de Karl Marx, ou, para dizer de outro modo, por que se agarram com tão obstinada tenacidade a conceitos e doutrinas que não só têm sido refutados por desenvolvimentos factuais, mas são claramente inconsistentes com sua própria política? O único slogan político positivo que o novo movimento usou, a reivindicação por "democracia participativa" que tem ecoado por todo o mundo e constitui o denominador comum

---

35 Fanon, op. cit., 37ss, 53.

36 Ver Apêndice IX, p. 156.

37 Os estudantes presos entre as duas superpotências e igualmente desiludidos com o Oriente e o Ocidente "inevitavelmente perseguem alguma terceira ideologia, a China de Mao ou a Cuba de Castro" (Spencer, op. cit., p. 92). Seus apelos a Mao, Castro, Che Guevara e Ho Chi Minh são como encantamentos pseudorreligiosos por salvadores vindos de outro mundo. Eles também chamariam por Tito se a Iugoslávia fosse mais distante e menos acessível. O caso é diferente com o movimento Black Power. Seu comprometimento ideológico com a inexistente "União do Terceiro Mundo" não é pura bobagem romântica. Eles têm um interesse óbvio na dicotomia negro-branco. Isso também é, claro, mero escapismo – uma fuga para um mundo de sonhos no qual os negros constituiriam uma maioria esmagadora da população mundial.

mais significativo das rebeliões no Oriente e no Ocidente, deriva do melhor da tradição revolucionária: o sistema de conselhos, o sempre derrotado, mas único produto autêntico de toda revolução desde o século XVIII. Mas nenhuma referência a essa meta nem em palavra, nem em substância pode ser encontrada nos ensinamentos de Marx e Lênin; ambos visavam, ao contrário, a uma sociedade na qual a necessidade de ação pública e a participação nos assuntos públicos teria "desidratado",[38] junto com o Estado. Por causa de uma timidez curiosa em assuntos teóricos, contrastando estranhamente com sua ousada coragem na prática, o slogan da Nova Esquerda permaneceu em um estágio declamatório, para ser invocado bastante inarticuladamente contra a democracia representativa do Ocidente (que está prestes a perder até mesmo sua função meramente representativa para as enormes máquinas partidárias que "representam" não os filiados do partido, mas seus funcionários) e contra as burocracias unipartidárias do Oriente, que excluem a participação por princípio.

Ainda mais surpreendente nessa estranha lealdade ao passado é o aparente desconhecimento da Nova Esquerda da extensão em que o caráter moral da rebelião – agora um fato amplamente aceito[39] – se

---

38 Parece que uma inconsistência similar pode ser atribuída a Marx e Lênin. Marx não glorificou a Comuna de Paris de 1871, e Lênin não quis dar "todo o poder aos sovietes"? Mas para Marx a Comuna nada mais era do que um órgão transitório da ação revolucionária, "uma alavanca para arrancar os alicerces econômicos da [...] classe dominante", que Engels identificou corretamente com a igualmente transitória "ditadura do Proletariado" (ver *The Civil War in France*, in Karl Marx e F. Engels, *Selected Works*, Londres, 1950, vol. I, p. 474 e 440, respectivamente). O caso de Lênin é mais complicado. Entretanto, foi Lênin que castrou os sovietes e deu todo o poder ao partido.

39 "Sua ideia revolucionária", como Spender (op. cit., p. 114) afirma, "é paixão moral". Noam Chomsky (op. cit., p. 368) cita fatos: "O fato é que a maior parte dos mil cartões de alistamento e outros documentos entregues ao Departamento de Justiça em 20 de outubro [de 1967] veio de homens que podiam escapar do serviço militar, mas que insistiram em compartilhar o destino daqueles que são menos privilegiados". O mesmo valia para inúmeras manifestações de resistentes ao alistamento e ocupações nas universidades e faculdades. A situação em outros países é similar. A *Der Spiegel* descreve, por exemplo, as condições frustrantes e muitas vezes humilhantes dos assistentes de pesquisa na Alemanha: "*Angesichts dieser Verhaltnisse nimmt es geradezu wunder, doss die Assistenten nicht in der vordersten Front der Radikalen stehen*" [Diante dessas circunstâncias, é absolutamente surpreendente que os assistentes não estejam na linha de

choca com sua retórica marxista. De fato, nada sobre o movimento é mais impressionante do que esse caráter desinteressado. Peter Steinfels, em um artigo notável sobre "A revolução francesa de 1968" na *Commonweal* (26 de julho de 1968), tinha razão quando escreveu: "Péguy pode ter sido um patrono apropriado para a revolução cultural, com seu posterior desprezo pelo mandarinato da Sorbonne [e] sua fórmula 'A revolução social será moral ou não será'". De fato, todo movimento revolucionário tem sido conduzido pelos desinteressados, que foram motivados pela compaixão ou por uma paixão por justiça, e isso, é claro, também é verdadeiro para Marx e Lênin. Marx, porém, como sabemos, efetivamente decretou tabus essas "emoções" – se hoje o *establishment* recusa argumentos morais como "emocionalismo", está muito mais próximo da ideologia marxista do que os rebeldes – e resolveu o problema dos líderes "desinteressados" com a noção de serem eles a vanguarda da humanidade, corporificando o interesse último da história humana.[40] Entretanto, eles também tiveram primeiro que esposar os interesses realistas e não especulativos da classe trabalhadora e se identificar com ela. Isso por si só deu a eles uma base firme fora da sociedade. E isso é precisamente o que tem faltado aos rebeldes modernos desde o início e que eles têm sido incapazes de encontrar, apesar de uma busca um pouco desesperada por aliados fora das universidades. A hostilidade dos trabalhadores em todos os países é um fato registrado,[41] e nos Estados Unidos o completo colapso de qualquer cooperação com o movimento Black Power, cujos estudantes são mais firmemente enraizados em sua própria comunidade e, portanto, em uma melhor posição para negociação nas universidades, foi o desapontamento mais amargo para os rebeldes brancos. (Se foi ou não sábio da parte do pessoal do Black Power se recusar a desempenhar o papel de proletariado para líderes "desinteressados" de

---

frente dos radicais] (23 de junho de 1969, p. 58). É sempre a mesma história: grupos de interesse não se juntam aos rebeldes.

40 Ver Apêndice X, p. 157.

41 A Tchecoslováquia parece ser uma exceção. Contudo, o movimento reformista em favor do qual os estudantes lutaram nas primeiras fileiras foi apoiado por toda a nação, sem qualquer distinção de classe. Falando de uma perspectiva marxista, os estudantes de lá, e provavelmente de todos os países do Leste, têm apoio demais da comunidade, ao invés de pouco, para se encaixarem no padrão marxista.

uma cor diferente é outra questão.) É na Alemanha, não surpreendentemente, o velho lar do movimento jovem, que um grupo de estudantes agora propõe alistar "todos os grupos jovens organizados" em suas fileiras.[42] O absurdo dessa proposta é óbvio.

Não tenho certeza de qual será, no fim das contas, a explicação para essas inconsistências, mas suspeito de que a razão mais profunda para essa lealdade a uma doutrina típica do século XIX tem algo a ver com o conceito de Progresso, com uma relutância em se desfazer de uma noção que costumava unir liberalismo, socialismo e comunismo na "Esquerda", mas que em nenhum lugar alcançou o nível de plausibilidade e sofisticação que encontramos nos escritos de Karl Marx. (A inconsistência sempre foi o calcanhar de Aquiles do pensamento liberal, que combinou uma lealdade inabalável ao Progresso com uma recusa não menos rigorosa em glorificar a História em termos hegelianos e marxistas, a única coisa que podia justificá-lo e garanti-lo.)

A noção de que há tal coisa como o progresso da humanidade como um todo era desconhecida antes do século XVII, desenvolveu-se como uma opinião bastante comum entre os *hommes de lettres* do século XVIII e se tornou um dogma quase universalmente aceito no século XIX. Mas a diferença entre as noções anteriores e seu estágio final é decisiva. O século XVII, nesse aspecto mais bem representado por Pascal e Fontenelle, pensava o progresso em termos de um acúmulo de conhecimento ao longo dos séculos, enquanto para o século XVIII a palavra implicava uma "educação da humanidade" (*Erziehung des Manschengeschlechts*, de Lessing) cujo fim coincidiria com o amadurecimento do ser humano. O progresso não era ilimitado, e a sociedade sem classes de Marx vista como o reino da liberdade que poderia ser o fim da história – muitas vezes interpretada como uma secularização da escatologia cristã ou do messianismo judaico – na verdade ainda carrega a marca da Era do Iluminismo. No começo do século XIX, contudo, todas essas limitações desapareceram. Agora, nas palavras de Proudhon, o movimento é "*le fait primitif*" [o fato primitivo] e "só as leis do movimento são eternas". Esse movimento não tem começo nem fim: "*Le mouvement est; voilà tout*!"

42 Ver a Entrevista-Spiegel com Christoph Ehmann in *Der Spiegel*, 10 de fevereiro de 1969.

[O movimento, eis tudo!]. Quanto ao ser humano, tudo o que podemos dizer é que "nascemos perfectíveis, mas nunca seremos perfeitos".[43] A ideia de Marx, emprestada de Hegel, de que toda sociedade antiga nutre as sementes de suas sucessoras, do mesmo modo que todo organismo vivo nutre as sementes de sua descendência, é na verdade não apenas a mais engenhosa, mas também a única garantia conceitual possível para a continuidade sempiterna do progresso na história; e, uma vez que o movimento desse progresso deve ocorrer pelo confronto de forças antagônicas, é possível interpretar todo "retrocesso" como um revés necessário, mas temporário.

De fato, uma garantia que em última análise se baseia em pouco mais do que uma metáfora não é a base mais sólida sobre a qual erigir uma doutrina, mas isso, infelizmente, o marxismo compartilha com muitas outras doutrinas na filosofia. Sua grande vantagem se torna clara assim que a comparamos com outros conceitos de história – tais como "recorrências eternas", a ascensão e queda de impérios, a sequência acidental de eventos essencialmente desconexos –, todos os quais podem igualmente ser documentados e justificados, mas nenhum dos quais garantirá um *continuum* de tempo linear e um progresso contínuo na história. E o único competidor nesse âmbito, a antiga noção de uma Era de Ouro nos primórdios, da qual todo o resto é derivado, implica a certeza bastante desagradável de declínio contínuo. É claro, há uns poucos efeitos colaterais melancólicos na ideia tranquilizadora de que só precisamos marchar para o futuro, o que não podemos deixar de fazer, de qualquer maneira, a fim de encontrar um mundo melhor. Há, antes de mais nada, o simples fato de que o futuro geral da humanidade não tem nada a oferecer à vida individual, cuja única certeza futura é a morte. E, se deixamos isso fora de consideração e pensamos apenas em generalidades, há o argumento óbvio contra o progresso de que, nas palavras de Herzen, "o desenvolvimento humano é uma forma de injustiça cronológica, já que os que chegaram por último são capazes de se aproveitar do trabalho de seus predecessores sem pagar o mesmo

---

43 P.-J. Proudhon, *Philosophie du Progrès* (1853), 1946, p. 27-30, 49 e *De la Justice* (1858), 1930, I, p. 238, respectivamente. Ver também William H. Harbold, "Progressive Humanity: in the Philosophy of P.-J. Proudhon", *Review of Politics*, janeiro de 1969.

preço",[44] ou, nas palavras de Kant, "Sempre será desconcertante [...] que as gerações anteriores pareçam carregar seu fardo apenas em nome das gerações vindouras [...] e que apenas a última deva ter a boa sorte de viver na construção [acabada]".[45]

Contudo, essas desvantagens, que foram apenas raramente notadas, são mais do que superadas por uma enorme desvantagem: o progresso não apenas explica o passado sem romper o *continuum* do tempo, mas pode servir como um guia para a ação no futuro. Foi isso que Marx descobriu quando virou Hegel de cabeça para baixo: ele mudou a direção do olhar do historiador – ao invés de olhar para o passado, ele agora podia olhar com confiança para o futuro. O progresso dá uma resposta para esta questão perturbadora: "E o que vamos fazer agora?". A resposta, no nível mais baixo, diz: "Vamos desenvolver o que temos em algo melhor, maior etc.". (A fé, à primeira vista, irracional dos liberais no crescimento, tão característica de todas as nossas presentes teorias econômicas e políticas, depende dessa noção.) No nível mais sofisticado da esquerda, ela nos diz para desenvolver contradições atuais em sua síntese inerente. Em ambos os casos, temos a certeza de que nada completamente novo e totalmente inesperado pode acontecer, nada além dos resultados "necessários" do que já sabemos.[46] Como é reconfortante que, nas palavras de Hegel, "nada mais surgirá além do que já estava lá".[47]

Não preciso acrescentar que todas as nossas experiências neste século, que tem nos confrontado constantemente com o totalmente inesperado, ficam em flagrante contradição com essas noções e doutrinas, cuja própria popularidade parece consistir em oferecer um confortável refúgio pseudocientífico ou especulativo da realidade. Uma rebelião estudantil quase exclusivamente inspirada por considerações morais certamente está entre os eventos totalmente inesperados desse século. Essa geração,

44 Alexander Herzen é citado aqui da "Introdução" de Isaiah Berlin para o livro *Roots of Revolutions*, de Franco Venturi, Nova York, 1966.

45 "Idea for a Universal History with Cosmopolitan Intent", Terceira Proposição, in *The Philosophy of Kant*, edição da Modern Library.

46 Para uma excelente discussão sobre as óbvias falácias nessa posição, ver Robert A. Nisbet, "The Year 2000 and All That", in *Commentary*, junho de 1968, e as observações críticas e mal-humoradas na edição de setembro.

47 Hegel, op. cit., p. 100ss.

preparada como suas predecessoras em quase nada além das várias versões interesseiras de teorias políticas e sociais, nos ensinou uma lição sobre manipulação, ou, antes, sobre seus limites, que faríamos bem em não esquecer. Os seres humanos podem ser "manipulados" pela coerção física, tortura ou inanição, e suas opiniões podem ser arbitrariamente formadas pela desinformação deliberada, organizada, mas não por "persuasores escondidos", televisão, publicidade, ou quaisquer outros meios psicológicos em uma sociedade livre. Infelizmente, a refutação da teoria pela realidade sempre foi, na melhor das hipóteses, um negócio demorado e precário. Os viciados em manipulação, aqueles que a temem excessivamente, não menos do que aqueles que têm colocado suas esperanças nela, dificilmente percebem quando o tiro sai pela culatra. (Um dos melhores exemplos de teorias levadas às raias do absurdo aconteceu durante o recente incidente do "Parque do Povo" em Berkeley. Quando a polícia e a Guarda Nacional, com rifles, baionetas desembainhadas, gás lacrimogêneo de helicóptero, atacaram os estudantes desarmados – poucos deles "tinham atirado algo mais perigoso do que epítetos" –, alguns guardas confraternizaram abertamente com seus "inimigos" e um deles abaixou as armas e gritou: "Eu não aguento mais isso". O que aconteceu? Na era esclarecida em que vivemos, isso poderia ser explicado apenas pela insanidade; "ele foi levado às pressas para um exame psiquiátrico [e] diagnosticado como sofrendo de 'agressividade reprimida'".)[48]

O Progresso, de fato, é um item mais sério e mais complexo oferecido na feira de superstições de nosso tempo.[49] A crença irracional do século XIX no progresso *ilimitado* encontrou aceitação universal principalmente por causa do desenvolvimento surpreendente das ciências naturais, que, desde a ascensão da era moderna, realmente têm sido ciências "universais" e, portanto, poderiam ansiar por uma tarefa interminável

---

48 O incidente é reportado sem comentários por Wolin e Schaar, op. cit. Ver também o relato de Peter Barner "'An Outcry': Thoughts on Being Tear Gassed", in *Newsweek*, 2 de junho de 1969.

49 Spender (op. cit., p. 45) relata que os estudantes franceses, durante os incidentes de maio em Paris, "recusaram categoricamente a ideologia do 'resultado' [*rendement*], do 'progresso' e das chamadas 'pseudoforças'". Nos Estados Unidos, esse não é ainda o caso no que diz respeito ao progresso. Ainda estamos cercados pela conversa sobre forças "progressivas" e "regressivas", tolerância "progressiva" e "regressiva" e similares.

explorando a imensidão do universo. Que a ciência, apesar de não mais limitada pela finitude da terra e sua natureza, esteja sujeita a um progresso sem fim não é de modo algum uma certeza; que rigorosamente a pesquisa científica em humanidades, a chamada *Geisteswissenschaften*, que lida com os produtos do espírito humano, devem acabar por definição, isto é óbvio. A demanda incessante e sem sentido por pesquisas originais em diversos campos, nos quais apenas a erudição é agora possível, tem levado tanto à irrelevância pura, o famoso conhecer cada vez mais sobre cada vez menos, quanto ao desenvolvimento de uma pseudopesquisa que na verdade destrói seu objeto.[50] É digno de nota que a rebelião da juventude, na medida em que não é exclusivamente motivada pela moral ou pela política, tem sido principalmente direcionada contra a glorificação acadêmica da pesquisa e da ciência, ambas, a seu ver, embora por razões diferentes, estão gravemente comprometidas. E é verdade que de modo algum é impossível que tenhamos alcançado em ambos os casos um ponto de virada, o ponto de retornos destrutivos. Não apenas o progresso da ciência tem deixado de coincidir com o progresso da humanidade (seja o que for que isso signifique), mas poderia até mesmo significar o fim da humanidade, assim como o progresso da pesquisa pode muito bem acabar na destruição de tudo que fazia a pesquisa valer a pena. O Progresso, em outras palavras, pode não mais servir como o padrão segundo o qual avaliar os processos de mudança desastrosamente rápidos que desencadeamos.

Já que estamos preocupados aqui especialmente com a violência, devo alertar contra um tentador mal-entendido. Se olhamos para a história em termos de um processo cronológico contínuo, cujo progresso, além disso, é inevitável, a violência na forma de guerra e revolução pode parecer constituir a única interrupção possível. Se isso fosse verdade, se apenas a prática da violência tornasse possível interromper processos automáticos no âmbito dos assuntos humanos, os pregadores da violência teriam ganhado um ponto importante. (Teoricamente, até onde sei, a questão nunca foi levantada, mas parece incontestável para mim que as atividades disruptivas dos estudantes nos últimos anos são na verdade

50 Para uma exemplificação esplêndida desses empreendimentos não meramente supérfluos, mas perniciosos, ver Edmund Wilson, *The Fruits of the MLA*, Nova York, 1968.

baseadas nessa convicção.) Contudo, é função de toda ação, diferentemente do mero comportamento, interromper o que de outro modo teria se desenrolado automaticamente e, portanto, previsivelmente.

II

É contra o pano de fundo dessas experiências que proponho levantar a questão da violência no âmbito político. Isso não é fácil. O que Sorel destacou sessenta anos atrás, "Os problemas da violência ainda permanecem muito obscuros",[51] é tão verdadeiro hoje quanto era na época. Mencionei a relutância geral em lidar com a violência como um fenômeno em si mesmo, e devo agora justificar minha afirmação. Se nos voltamos para as discussões do fenômeno do poder, logo descobrimos que existe ali um consenso entre teóricos políticos da esquerda até a direita no sentido de que a violência nada mais é que a mais flagrante manifestação de poder. "Toda a política é uma luta por poder; o tipo último de poder é a violência", disse C. Wright Mills, ecoando, por assim dizer, a definição de Estado de Max Weber como "o governo dos homens sobre os homens baseado nos meios de legítima, isto é, supostamente legítima, violência".[52] O consenso é muito estranho, pois igualar o poder político com "a organização da violência" só faz sentido se seguirmos a avaliação de Marx sobre o Estado como um instrumento de opressão nas mãos da classe dominante. Vamos, então, nos voltar para autores que não acreditam que o corpo político e suas leis e instituições são meramente superestruturas coercitivas, manifestações secundárias de algumas forças subjacentes. Vamos nos voltar, por exemplo, para Bertrand de Jouvenel, cujo livro *O poder* talvez seja o mais prestigioso e, de qualquer forma, o mais interessante tratado recente sobre o assunto. "Para aquele", escreve Jouvenel, "que contempla o desenrolar das eras, a guerra se apresenta

---

51 Georges Sorel, *Reflections on Violence*, "Introduction to the First Publication" (1906), Nova York, 1961, p. 60.

52 *The Power Elite*, Nova York, 1956, p. 171; Max Weber, nos primeiros parágrafos de *Politics as a Vocation* (1921). Weber parece estar ciente de seu acordo com a esquerda. Ele cita no contexto a observação de Trótski em Brest-Litovsk: "Todo Estado é baseado na violência", e acrescenta: "Isso é realmente verdade".

como uma atividade de Estados *pertencente a suas essências*".[53] Isso pode nos levar a perguntar se então o fim da guerra significaria o fim dos Estados. O desaparecimento da violência nas relações entre os Estados significaria o fim do poder?

A resposta, ao que parece, vai depender do que entendemos por poder. E acontece que o poder é um instrumento de domínio, enquanto o domínio, assim nos dizem, deve sua existência ao "instinto de dominação".[54] Somos imediatamente lembrados do que Sartre disse sobre a violência quando lemos em Jouvenel que "um homem se sente mais que um homem quando se impõe e faz dos outros instrumentos de sua vontade", o que dá a ele um "prazer incomparável".[55] "O poder", disse Voltaire, "consiste em fazer os outros agirem como eu escolho"; está presente onde quer que eu tenha a chance "de afirmar minha própria vontade contra a resistência" de outros, disse Max Weber, nos lembrando da definição de guerra de Clausewitz como "um ato de violência para obrigar o oponente a fazer como desejamos". A palavra, somos informados por Strausz-Hupé, significa "o poder do ser humano sobre o ser humano".[56] Voltando a Jouvenel: "Comandar e ser obedecido: sem isso, não há Poder – com isso, nenhum outro atributo é necessário para que ele exista [...] A coisa sem a qual ele não pode existir: essa essência é o comando".[57] Se a essência do poder é a efetividade do comando, então

---

53 *Power: The Natural History of Its Growth* (1945), Londres, 1952, p. 128.

54 Ibidem, p. 93.

55 Ibidem, p. 110.

56 Ver Karl von Clausewitz, *On War* (1832), Nova York, 1943, capítulo 1; Robert Strausz-Hupé, *Power and Community*, Nova York, 1956, p. 4; a citação de Max Weber: "Macht bedeutet jede Chance, innerhalb einer sozialen Beziehung den eigenen Willen auch gegen Widerstand darchzusetzen" [Poder significa toda oportunidade dentro de uma relação social para impor a própria vontade, mesmo contra a resistência], é tirada de Strausz-Hupé.

57 Escolhi meus exemplos ao acaso, já que pouco importa a que autor nos voltamos. É apenas ocasionalmente que ouvimos uma voz dissonante. Então, R. M. McIver afirma: "O poder coercitivo é um critério de Estado, mas não sua essência [...] É verdade que não há Estado onde não há força irresistível [...] Mas o exercício da força não faz um Estado" (in *The Modern State*, Londres, 1926, p. 222-225). A força dessa tradição pode ser vista na tentativa de Rousseau de escapar dela. Em busca de um governo sem domínio, ele não encontra nada melhor que "*une forme d'association [...] par laquelle chacun s'unissant à tous n'obeisse pourtant qu'à lui-même*" ["uma forma de associação (...)

não há maior poder que o que emerge do cano de uma arma, e seria difícil dizer de "que maneira a ordem dada por um policial é diferente daquela dada por um atirador". (Estou citando do importante livro *The Notion of the State* [A noção de Estado], de Alessandro Passerin d'Entrèves, o único autor que conheço que está ciente da importância de distinguir violência e poder. "Temos que decidir se e em que sentido se pode distinguir 'poder' de 'força', para verificar como o fato de usar a força de acordo com a lei muda a qualidade da própria força e nos apresenta um quadro totalmente diferente das relações humanas", uma vez que "força, pelo próprio fato de ser qualificada, deixa de ser força". Mas mesmo essa distinção, de longe a mais sofisticada e profunda na literatura, não vai à raiz do problema. O poder, no entendimento de Passerin d'Entrèves, é uma força "qualificada" ou "institucionalizada". Em outras palavras, enquanto os autores citados acima definem a violência como a mais flagrante manifestação de poder, Passerin d'Entrèves define poder como um tipo de violência mitigada. Em última análise, chega-se ao mesmo.)[58] Será que todos, da direita à esquerda, de Bertrand de Jouvenel a Mao Tsé-Tung, deveriam concordar acerca de um ponto tão básico na filosofia política quanto a natureza do poder?

Em termos de nossas tradições de pensamento político, essas definições têm muito a recomendá-las. Elas não apenas derivam da antiga noção de poder absoluto que acompanhou a ascensão do Estado-nação europeu soberano, cujos primeiros e maiores porta-vozes foram Jean Bodin, no século XVI na França, e Thomas Hobbes, no século XVII na Inglaterra, como também coincidem com termos usados na Antiguidade grega para definir as formas de governo como o domínio do ser humano sobre o ser humano – de um ou de poucos na monarquia e na oligarquia, dos melhores ou de muitos na aristocracia e na democracia. Hoje devemos acrescentar a última e talvez mais formidável forma de

---

pela qual cada um, se unindo a todos, só obedece a si mesmo]. A ênfase na obediência e, consequentemente, no comando está inalterada.

58 *The Notion of the State, An Introduction to Political Theory* [A noção do Estado: uma introdução à teoria política] foi publicado primeiro em italiano, em 1962. A versão em inglês não é apenas uma tradução; escrita pelo próprio autor, é a edição definitiva e foi publicada em Oxford em 1967. Para as citações, ver p. 64, 70 e 105.

tal domínio: a burocracia ou o comando de um sistema intrincado de departamentos no qual nenhum ser humano, nem os melhores, nem poucos, nem muitos, pode ser responsabilizado, e que poderia ser devidamente chamado domínio de Ninguém. (Se, de acordo com o pensamento político tradicional, identificamos a tirania como o governo que não presta contas acerca de si mesmo, o domínio de Ninguém é claramente o mais tirânico de todos, uma vez que não há mais ninguém nem mesmo a quem perguntar o que está sendo feito. É esse estado de coisas, ao tornar impossível localizar a responsabilidade e identificar o inimigo, que está entre as mais potentes causas da atual agitação rebelde mundial, sua natureza caótica e sua perigosa tendência a sair do controle e perder a cabeça.)

Além disso, esse vocabulário antigo foi estranhamente confirmado e fortalecido pelo acréscimo da tradição judaico-cristã e sua "concepção imperativa de lei". Esse conceito não foi inventado pelos "realistas políticos", mas antes foi o resultado de uma generalização quase automática, muito anterior, dos "Mandamentos" de Deus, de acordo com a qual "a relação simples entre comando e obediência" na verdade bastava para identificar a essência da lei.[59] Finalmente, convicções científicas e filosóficas mais modernas sobre a natureza humana fortaleceram ainda mais essas tradições legais e políticas. As muitas descobertas recentes sobre um instinto de dominação e de uma agressividade inatos no animal humano foram precedidas por afirmações filosóficas muito similares. De acordo com John Stuart Mill, "a primeira lição de civilização [é] a da obediência", e ele fala de "dois estados de inclinações [...] um o desejo de exercer o poder sobre outros; o outro [...] aversão a ter poder exercido sobre eles mesmos".[60] Se confiamos em nossas próprias experiências nesses assuntos, devemos saber que o instinto de submissão, um desejo ardente de obedecer e ser dominado por algum indivíduo forte, é ao menos tão proeminente na psicologia humana quanto a vontade de poder, e, politicamente, talvez mais relevante. O velho adágio "Quão apto ele está a mandar/ Que pode tão bem obedecer", alguma versão do

59 Ibidem, p. 129.

60 *Considerations on Representative Government* (1861), Liberal Arts Library, p. 59 e 65.

qual parece ser conhecida de todos os séculos e todas as nações,[61] pode apontar uma verdade psicológica: a saber, que a vontade de poder e a vontade de submissão estão interligadas. "A pronta submissão à tirania", para usar Mill mais uma vez, de forma alguma é sempre causada pela "passividade extrema". Por outro lado, uma forte aversão a obedecer é muitas vezes acompanhada pela igualmente forte aversão a dominar e comandar. Historicamente falando, a antiga instituição da economia escravocrata seria inexplicável nas bases da psicologia de Mill. Seu propósito expresso era liberar os cidadãos do fardo dos assuntos domésticos e permitir que entrassem na vida pública da comunidade, onde todos eram iguais. Se fosse verdade que nada é mais doce do que dar comandos e dominar os outros, o senhor nunca teria deixado sua casa.

Contudo, há outra tradição e outro vocabulário não menos antigos e consagrados pelo tempo. Quando a cidade-Estado ateniense chamou sua constituição de uma isonomia, ou os romanos falaram da *civitas* como sua forma de governo, eles tinham em mente um conceito de poder e de lei cuja essência não dependia da relação comando-obediência e que não identificava poder e domínio ou lei e comando. Foi a esses exemplos que os revolucionários do século XVIII se voltaram ao esquadrinhar os arquivos da Antiguidade e constituíram uma forma de governo, uma república, na qual o domínio da lei, apoiando-se no poder do povo, colocaria um fim no domínio do ser humano sobre o ser humano, que eles pensavam ser um "governo próprio a escravos". Eles também, infelizmente, ainda falavam em obediência – obediência às leis em vez de a homens; mas o que eles realmente queriam dizer era apoio às leis às quais os cidadãos tivessem dado seu consentimento.[62] Tal apoio nunca é inquestionável, e, no que diz respeito à confiabilidade, não está à altura da realmente "inquestionável obediência" que um ato de violência pode obter – a obediência com a qual todo criminoso pode contar quando rouba minha carteira com a ajuda de uma faca ou rouba um banco com a ajuda de uma arma. É o apoio do povo que confere poder às instituições de um país, e esse apoio é apenas a continuação

61 John M. Wallace, *Destiny His Choice: The Loyalism of Andrew Marvell*, Cambridge, 1968, p. 88-89. Devo essa referência à gentileza de Gregory DesJardins.

62 Ver Apêndice XI, p. 157.

do consentimento que deu origem às leis. Sob as condições do governo representativo, o povo supostamente deve ter domínio sobre aqueles que o governam. Todas as instituições políticas são manifestações e materializações de poder. Elas se petrificam e decaem tão logo o poder vivo do povo deixa de sustentá-las. Foi isso que Madison quis dizer quando afirmou que "todos os governos se alicerçam na opinião", uma frase não menos verdadeira para várias formas de monarquia do que para democracias. ("Supor que o governo da maioria funciona apenas na democracia é uma ilusão fantástica", como Jouvenel aponta: "O rei, que é apenas um indivíduo solitário, necessita muito mais do apoio geral da Sociedade do que qualquer outra forma de governo".[63] Mesmo o tirano, o Um que governa contra todos, precisa de ajudantes na atividade da violência, embora seu número possa ser bastante limitado.) Contudo, o vigor da opinião, isto é, o poder do governo, depende de números; ele é "proporcional ao número com o qual está associado",[64] e a tirania, como Montesquieu descobriu, é, portanto, a mais violenta e menos poderosa das formas de governo. De fato, uma das mais óbvias distinções entre poder e violência é que o poder sempre necessita de números, enquanto a violência até certo ponto pode operar sem eles, porque ela depende de implementos. Um domínio da maioria legalmente irrestrito, isto é, uma democracia sem uma constituição, pode ser bastante formidável na supressão de direitos das minorias e muito efetivo no sufocamento da dissidência sem qualquer uso de violência. Mas isso não significa que a violência e o poder sejam o mesmo.

A forma extrema de poder é Todos contra Um, a forma extrema de violência é Um contra Todos. E esta última nunca é possível sem instrumentos. Alegar, como feito muitas vezes, que uma pequena minoria desarmada tem, com sucesso, por meios de violência – gritando, tumultuando etc. –, interrompido muitas aulas cuja esmagadora maioria votou por aulas normais é, portanto, enganoso. (Em um caso recente em alguma universidade alemã, houve até um "dissidente" solitário entre muitas centenas de estudantes que pôde alegar tal estranha vitória.) O que realmente acontece em tais casos é algo muito mais sério: a maioria

63 Op. cit., p. 98.

64 *The Federalists*, nº 49.

claramente se recusa a usar seu poder e subjugar os desordeiros; os processos acadêmicos desmoronam porque ninguém está disposto a levantar mais do que um dedo para votar pelo *status quo*. Aquilo que as universidades estão enfrentando é a "imensa unidade negativa" de que Stephen Spender fala em outro contexto. Tudo isso prova apenas que uma minoria pode ter um poder potencial muito maior do que se esperaria apenas contando cabeças em pesquisas de opinião pública. A maioria que meramente assiste – entretida com o espetáculo de gritaria entre estudante e professor – já é de fato uma aliada latente da minoria. (Basta imaginar o que teria acontecido se algum ou alguns poucos judeus desarmados na Alemanha pré-Hitler tivessem tentado atrapalhar a aula de um professor antissemita para compreender o absurdo da conversa sobre as pequenas "minorias de militantes".)

* * *

Penso que seja um reflexo bastante triste sobre o presente estado da ciência política que nossa terminologia não distinga entre palavras-chave como "poder", "vigor", "força", "autoridade", e, finalmente, "violência"[65] – todas as quais se referem a fenômenos distintos e diferentes e dificilmente existiriam se assim não fosse. (Nas palavras de d'Entrèves, "força, poder, autoridade:[66] essas todas são palavras a cujas implicações exatas nenhum grande peso é atribuído na linguagem corrente; mesmo os maiores pensadores algumas vezes as usam aleatoriamente. No entanto, é justo presumir que elas se refiram a propriedades diferentes e que seus significados devam, portanto, ser cuidadosamente avaliados e examinados [...]. O uso correto dessas palavras é uma questão não apenas de gramática lógica, mas de perspectiva histórica".)[67] Usá-las como sinônimos não apenas indica certa surdez a significados linguísticos, o que já seria grave o suficiente, mas também tem resultado em um tipo de cegueira

---

65 Respectivamente, no original: *power*, *strength*, *force*, *authority* e *violence*. [N.T.]

66 Respectivamente, no original: *might*, *power*, *authority*. [N.T.]

67 Op. cit., p. 7. Cf. também p. 171, na qual, discutindo o significado exato das palavras "nação" e "nacionalidade", ele corretamente insiste que "os únicos guias competentes na selva de tantos significados diferentes são os linguistas e os historiadores. É a eles que devemos pedir ajuda". E, distinguindo autoridade e poder, ele se volta para o *potestas in populo, auctoritas in senatu*, de Cícero.

às realidades às quais elas correspondem. Em tal situação, é sempre tentador introduzir definições novas, mas – embora eu vá ceder brevemente à tentação – o que está envolvido não é simplesmente uma questão de discurso negligente. Por trás da aparente confusão está uma firme convicção à luz da qual todas as distinções seriam, no melhor dos casos, de menor importância: a convicção de que a questão política mais crucial é, e sempre foi, a questão Quem governa Quem? Poder, vigor, força, autoridade, violência – estas são apenas palavras para indicar os meios pelos quais o ser humano governa sobre o ser humano; são consideradas sinônimos porque têm a mesma função. Só depois de deixarmos de reduzir os assuntos públicos à questão do domínio é que os dados originais no âmbito dos assuntos humanos aparecerão, ou, antes, reaparecerão, em sua diversidade autêntica.

Esses dados, em nosso contexto, podem ser enumerados como segue:

1. *Poder* corresponde à habilidade humana não apenas para agir, mas para agir em concerto. O poder nunca é propriedade de um indivíduo; pertence a um grupo e permanece existindo enquanto o grupo se mantém unido. Quando dizemos que alguém está "no poder", de fato nos referimos a ele como empoderado por um certo número de pessoas para agir em seu nome. No momento em que o grupo, do qual, para começo de conversa, se originou o poder (*potestas in populo*, sem um povo ou grupo não há poder) desaparece, "seu poder"[68] também some. Na língua corrente, quando falamos de um "indivíduo poderoso" ou de uma "personalidade poderosa", já usamos a palavra "poder" metaforicamente; sem metáfora, aquilo a que estamos nos referindo é o "vigor".
2. *Vigor* inequivocamente designa algo no singular, uma entidade individual; é a propriedade inerente a um objeto ou pessoa e pertence a seu caráter, que pode se provar em relação a outras coisas ou pessoas, mas é essencialmente independente delas. O vigor até mesmo do indivíduo mais vigoroso pode sempre ser sobrepujado pelo de muitos, que muitas vezes vão se combinar para nenhum outro propósito além de arruinar o vigor precisamente

68 Aqui, "seu" se refere à pessoa que está no poder. [N.T.]

por causa dessa independência peculiar. A hostilidade quase instintiva de muitos dirigida a um sempre foi atribuída, de Platão a Nietzsche, ao ressentimento, à inveja do fraco em relação ao forte, mas essa interpretação psicológica perde o ponto. É da natureza de um grupo e de seu poder se voltarem contra a independência, que é a propriedade do vigor individual.

3. *Força*, que muitas vezes usamos no discurso diário como um sinônimo de violência, especialmente se a violência serve como um meio de coerção, deveria ser reservada, na linguagem terminológica, para as "forças da natureza" ou a "força das circunstâncias" (*la force des choses*), isto é, para indicar a energia liberada por movimentos físicos e sociais.

4. *Autoridade*, relacionada com o mais elusivo desses fenômenos e, portanto, como um termo, o mais frequentemente abusado,[69] pode ser investida em pessoas – há algo como a autoridade pessoal, por exemplo, na relação entre pai e filho, entre professor e aluno – ou pode ser investida em posições públicas, por exemplo, no senado romano (*auctoritas in senatu*) ou nas ocupações hierárquicas da Igreja (um padre pode conceder absolvição válida até mesmo se estiver bêbado). Sua marca é o reconhecimento inquestionável por aqueles que são instados a obedecer; nem coerção, nem persuasão são necessárias. (Um pai pode perder sua autoridade ao bater no filho ou ao começar a discutir com ele, isto é, se comportando como um tirano ou tratando-o como um igual.) Permanecer com autoridade requer respeito pela pessoa ou pela posição. O maior inimigo da autoridade, portanto, é o desprezo, e a forma mais segura de miná-la é o riso.[70]

---

69 Há algo como um governo autoritário, mas ele certamente não tem nada em comum com a tirania, a ditadura ou o domínio totalitário. Para uma discussão sobre o pano de fundo histórico e o significado político do termo, ver meu texto "What is Authority?" in *Between Past and Future: Exercises in Political Thought*, Nova York, 1968 ["O que é autoridade?" in *Entre o passado e o futuro*, São Paulo, Perspectiva, 1979] e a Parte I do valioso estudo de Karl-Heinz Lübke, *Auctoritas ber Augustin*, Stuttgart, 1968, com extensa bibliografia.

70 Wolin e Schaar, op. cit., estão totalmente certos: "As regras estão sendo quebradas porque as autoridades da universidade, tanto os administradores como os docentes, perderam o

5. *Violência*, finalmente, como eu disse, é distinta por seu caráter instrumental. Fenomenologicamente, está próxima do vigor, já que os implementos da violência, como todas as outras ferramentas, são projetados e usados com o propósito de multiplicar o vigor natural até que, no último estágio de seu desenvolvimento, possam substituí-lo.

Talvez não seja supérfluo acrescentar que essas distinções, embora de modo algum arbitrárias, quase nunca correspondem a compartimentos estanques no mundo real, do qual, no entanto, elas são tiradas. Assim, o poder institucionalizado em comunidades organizadas muitas vezes aparece sob a forma de autoridade, exigindo um reconhecimento instantâneo e inquestionável. Nenhuma sociedade poderia funcionar sem isso. (Um pequeno e ainda isolado incidente em Nova York mostra o que pode acontecer se a autoridade autêntica nas relações sociais se rompe a ponto de não poder funcionar mais, nem mesmo em sua forma derivada, puramente funcional. Um pequeno contratempo no metrô – as portas de um trem não abriram – se transformou em um sério fechamento da linha, que durou quatro horas e envolveu mais de 50 mil passageiros, porque, quando as autoridades de trânsito pediram aos passageiros para deixarem o trem com defeito, eles simplesmente se recusaram.)[71] Além disso, como veremos, nada é mais comum do que a combinação entre violência e poder, nada menos frequente do

---

respeito de muitos estudantes". Eles então concluem: "Quando a autoridade sai, o poder entra". Isso também é verdadeiro, mas receio que não exatamente no sentido em que eles queriam dizer. O que entrou primeiro em Berkeley foi o poder dos estudantes, obviamente o poder mais forte em todo o *campus* simplesmente por causa do número maior de estudantes. Foi para quebrar esse poder que as autoridades recorreram à violência, e é precisamente porque a universidade é essencialmente uma instituição baseada em autoridade e, portanto, que necessita de respeito, que elas encontram muita dificuldade em lidar com o poder em termos não violentos. A universidade hoje chama a polícia para ser protegida, como a Igreja católica costumava fazer antes de a separação entre Estado e Igreja a forçar a depender apenas da autoridade. É talvez mais do que uma peculiaridade que a mais severa crise da Igreja como instituição coincida com a mais severa crise na história da universidade, a única instituição secular ainda fundada na autoridade. Ambas podem de fato ser atribuídas à "explosão progressiva do átomo 'obediência', cuja estabilidade era supostamente eterna", como Heinrich Böll destacou sobre a crise nas igrejas. Ver "Es wird immer später", in *Antwort an Sacharow*, Zurique, 1969.

71 Ver *The New York Times*, 4 de janeiro de 1969, p. 1 e 29.

que encontrá-los em sua forma pura e, portanto, extrema. Disso não se segue que a autoridade, o poder e a violência sejam a mesma coisa.

Ainda assim, é preciso admitir que é particularmente tentador pensar no poder em termos de comando e obediência e, assim, igualar poder com violência, em uma discussão sobre o que realmente é apenas um dos casos especiais de poder – a saber, o poder do governo. Uma vez que nas relações exteriores, assim como em assuntos domésticos, a violência aparece como último recurso para manter a estrutura do poder intacta contra contestadores individuais – o inimigo externo, o criminoso nativo –, de fato parece que a violência é pré-requisito do poder e o poder nada além de uma fachada, a luva de pelica que ou esconde a mão de ferro ou se revelará a mão de um tigre de papel. Olhando mais de perto, contudo, essa noção perde muito de sua plausibilidade. Para o nosso propósito, a lacuna entre teoria e realidade é talvez mais bem ilustrada pelo fenômeno da revolução.

Desde o início do século, teóricos da revolução nos têm dito que as chances de revolução têm diminuído de modo significativo proporcionalmente ao aumento das capacidades destrutivas das armas à disposição unicamente dos governos.[72] A história dos últimos setenta anos, com seu extraordinário número de revoluções bem e malsucedidas, conta uma estória diferente. Estavam loucas as pessoas que tentaram mesmo ante uma disparidade tão esmagadora? E, à parte os exemplos de completo sucesso, como até mesmo um sucesso temporário pode ser explicado? O fato é que a lacuna entre os meios de violência de propriedade do Estado e aquilo que as pessoas podem amealhar por si mesmas – de garrafas

---

72 Assim, Franz Borkenau, refletindo sobre a derrota da Revolução Espanhola, afirma: "Nesse tremendo contraste com revoluções prévias um fato é refletido. Antes desses últimos anos, a contrarrevolução geralmente dependia do apoio de poderes reacionários, que eram técnica e intelectualmente inferiores às forças da revolução. Isso mudou com o advento do fascismo. Agora, toda revolução é passível de encontrar o ataque da mais moderna, mais eficiente, mais implacável maquinaria já existente. Isso significa que a era das revoluções livres para evoluírem de acordo com suas próprias leis acabou". Isso foi escrito mais de trinta anos atrás (*The Spanish Cockpit*, Londres, 1938; Ann Arbor, 1963, p. 288-289) e é agora citado com aprovação por Chomsky (op. cit., p. 310). Ele acredita que a intervenção norte-americana e francesa na guerra civil no Vietnã prova que a previsão de Borkenau estava certa, "com a substituição de 'fascismo' por 'imperialismo liberal'". Penso que esse exemplo é mais adequado para provar o contrário.

de cerveja a coquetéis Molotov e armas – sempre foi tão enorme que melhorias técnicas dificilmente fazem alguma diferença. Cartilhas sobre "como fazer uma revolução" em uma progressão passo a passo, da divergência à conspiração, da resistência à revolta armada, são todas baseadas em uma noção equivocada de que as revoluções são "feitas". Em uma disputa de violência contra violência, a superioridade do governo foi sempre absoluta, mas essa superioridade dura apenas enquanto a estrutura de poder do governo está intacta – isto é, desde que os comandos sejam obedecidos e as forças armadas ou as forças policiais estejam preparadas para usar suas armas. Quando esse não é mais o caso, a situação muda abruptamente. Não só a rebelião não é reprimida, mas as próprias armas mudam de mãos – às vezes, como na revolução húngara, em poucas horas. (Deveríamos saber dessas coisas depois de todos esses anos de luta fútil no Vietnã, onde por muito tempo, antes de receber ajuda maciça da Rússia, a Frente de Libertação Nacional lutou contra nós com armas que foram feitas nos Estados Unidos.) Apenas depois que isso aconteceu, quando a desintegração do governo no poder permitiu que os rebeldes se armassem, podemos falar em "revolta armada", que muitas vezes não chega a acontecer ou acontece quando não é mais necessária. Onde os comandos não são mais obedecidos, os meios da violência são inúteis; e a questão dessa obediência não é decidida pela relação comando-obediência, mas pela opinião e, claro, pelo número daqueles que a compartilham. Tudo depende do poder por trás da violência. O repentino e dramático colapso de poder que desencadeia as revoluções revela em um instante que a obediência civil – às leis, aos governantes e às instituições – é apenas a manifestação externa do apoio e do consentimento.

Onde o poder se desintegrou revoluções são possíveis, mas não necessárias. Sabemos de muitas situações em que regimes completamente impotentes puderam continuar existindo por longos períodos – ou porque não havia ninguém para testar seu vigor e revelar sua fraqueza, ou porque tiveram sorte suficiente para não entrar em guerra e sofrer uma derrota. A desintegração muitas vezes se torna manifesta apenas em confronto direto; e mesmo assim, quando o poder já está na rua, algum grupo de indivíduos preparados para tal eventualidade é necessário para recolhê-lo e assumir a responsabilidade. Testemunhamos recentemente como bastou a relativamente inofensiva, essencialmente não violenta rebelião dos estudantes franceses para revelar a vulnerabilidade de todo o sistema político, que rapidamente se desintegrou diante dos olhos atônitos dos jovens rebeldes. Eles o testaram sem saber; pretendiam apenas desafiar o engessado sistema universitário, e o sistema de poder governamental veio abaixo, junto com as enormes burocracias partidárias – "*une sorte de désintegration de toutes les hiérarchies*"[73] [um tipo de desintegração de todas as hierarquias]. Foi um caso clássico de uma situação revolucionária[74] que não se desdobrou numa revolução, porque não havia ninguém, menos ainda os estudantes, preparado para assumir o poder e a responsabilidade que o acompanha. Ninguém exceto De Gaulle, é claro. Nada foi mais característico da seriedade da situação do que seu apelo às forças armadas, sua viagem para ver Massu e os generais na Alemanha, um passeio a Canossa, se é que houve um, em vista do que acontecera apenas poucos anos antes. Mas o que ele buscava e recebeu foi apoio, não obediência, e os meios não foram comandos, mas concessões.[75] Se comandos tivessem sido suficientes, ele nunca precisaria ter deixado Paris.

Nenhum governo baseado exclusivamente nos meios de violência jamais existiu. Mesmo o governante totalitário, cujo principal instrumento de domínio é a tortura, precisa de uma base de poder – a polícia secreta e sua rede de informantes. Apenas o desenvolvimento de soldados robôs, que, como já mencionado, eliminaria completamente o fator humano e, possivelmente, permitiria que um indivíduo destruísse quem ele quisesse apertando um botão, poderia mudar essa ascendência fundamental do poder sobre a violência. Mesmo a dominação mais despótica que conhecemos, o domínio do senhor sobre os escravos, que sempre o superavam em número, não se baseava em meios superiores de coerção como tais, mas em uma organização superior de poder

---

73 Raymond Aron, *La Révolution Introuvable*, 1968, p. 41.

74 Stephen Spender, op. cit., p. 56, discorda: "O que era muito mais aparente do que a situação revolucionária [era] a situação não revolucionária". Pode ser "difícil pensar em uma revolução acontecendo quando [...] todo mundo parece particularmente bem-humorado", mas isso é o que geralmente acontece no início das revoluções – durante o primeiro grande êxtase de fraternidade.

75 Ver Apêndice XII, p. 158.

– isto é, na solidariedade organizada dos senhores.[76] Indivíduos sozinhos sem outros para apoiá-los nunca têm poder suficiente para usar a violência com sucesso. Por isso, em assuntos domésticos, a violência funciona como último recurso do poder contra criminosos e rebeldes – isto é, contra indivíduos que, por assim dizer, se recusam a ser dominados pelo consenso da maioria. E, quanto à guerra real, temos visto no Vietnã como uma enorme superioridade em meios de violência pode se tornar inoperante se confrontada com um mal equipado, mas bem-organizado oponente que é muito mais poderoso. Essa lição, certamente, estava à disposição para ser aprendida da história das guerras de guerrilha, que é ao menos tão antiga quanto a derrota na Espanha do exército ainda invicto de Napoleão.

Mudando por um momento para a linguagem conceitual: o poder é de fato da essência de todo governo, mas a violência não. A violência é por natureza instrumental; como todos os meios, sempre tem necessidade de orientação e justificação pelo fim que persegue. E o que necessita ser justificado por outra coisa não pode ser a essência de nada. O fim da guerra – fim tomado em seu sentido duplo – é paz ou vitória; mas, para a questão "e qual é o fim da paz?", não há resposta. A paz é um absoluto, apesar de na história registrada os períodos de guerra quase sempre superarem os períodos de paz. O poder está na mesma categoria. É, como dizem, "um fim em si mesmo". (Isso, é claro, não significa negar que governos persigam políticas e empreguem seu poder para atingir objetivos prescritos. Mas a própria estrutura de poder precede e supera todas as metas, de modo que o poder, longe de ser o meio para um fim, é de fato a própria condição que habilita um grupo de pessoas a pensar e a agir em termos da categoria de meios e fins.) E, como o governo é essencialmente poder organizado e institucionalizado, a atual questão "Qual é o fim do governo?" também não faz muito sentido. A resposta será ou uma petição de princípio – habilitar os seres humanos a viverem juntos – ou perigosamente utópica – promover a felicidade ou

---

76 Na Grécia antiga, tal organização de poder era a pólis, cujo principal mérito, de acordo com Xenofonte, era permitir aos "cidadãos agirem como guarda-costas uns dos outros contra os escravos e os criminosos, de modo que nenhum dos cidadãos tivesse uma morte violenta" (*Hiero*, IV, 3).

concretizar uma sociedade sem classes ou algum outro ideal não político, que se tentado a sério só pode terminar em algum tipo de tirania.

O poder não necessita de justificação, sendo inerente à própria existência de comunidades políticas; o que ele necessita é de legitimidade. O tratamento comum dessas duas palavras como sinônimos não é menos enganador e confuso do que a atual equivalência entre obediência e apoio. O poder surge onde quer que pessoas se reúnam e ajam em concerto, mas sua legitimidade deriva antes da reunião inicial do que de qualquer ação que possa então se seguir. A legitimidade, quando desafiada, fundamenta-se num apelo ao passado, enquanto a justificação se relaciona com um fim que está no futuro. A violência pode ser justificável, mas nunca será legítima. Sua justificação perde em plausibilidade quanto mais seu fim pretendido se distancia do futuro. Ninguém questiona o uso da violência como autodefesa, porque o perigo não é apenas claro, mas também presente, e o fim que justifica os meios é imediato.

Poder e violência, embora sejam fenômenos distintos, geralmente aparecem juntos. Onde quer que estejam combinados, constatamos que o poder é o fator primário e predominante. A situação, contudo, é completamente diferente quando lidamos com eles em seus estados puros – por exemplo, no caso de invasão estrangeira e ocupação. Vimos que a atual equação de violência com poder se baseia na compreensão do governo como o domínio do ser humano sobre o ser humano pelos meios de violência. Se um conquistador estrangeiro é confrontado por um governo impotente e por uma nação desacostumada ao exercício do poder político, é fácil para ele alcançar tal dominação. Em todos os outros casos, as dificuldades são grandes de fato, e o invasor ocupante tentará imediatamente estabelecer governos traidores, isto é, encontrar uma base de poder nativo para apoiar seu domínio. O confronto direto entre os tanques russos e a resistência totalmente não violenta do povo da Tchecoslováquia é um caso clássico de confronto entre violência e poder em seus estados puros. Mas, enquanto a dominação em tal circunstância é difícil de atingir, não é impossível. A violência, devemos lembrar, não depende de números ou opiniões, mas de implementos, e os implementos de violência, como mencionei anteriormente, a exemplo de todas as outras ferramentas, aumenta e multiplica o vigor humano. Aqueles que se opõem à violência com o mero poder cedo descobrirão que são confrontados não por seres humanos, mas pelos artefatos dos seres humanos, cuja inumanidade e efetividade destrutiva aumenta na proporção da distância que separa os oponentes. A violência pode sempre destruir o poder; do cano de uma arma emerge o comando mais efetivo, resultando na mais instantânea e perfeita obediência. O que nunca pode emergir dele é o poder.

Em um confronto direto entre violência e poder, o resultado dificilmente é duvidoso. Se a estratégia enormemente poderosa e bem-sucedida de resistência não violenta de Gandhi tivesse encontrado um inimigo diferente – a Rússia de Stálin, a Alemanha de Hitler, mesmo o Japão pré-guerra, em vez da Inglaterra –, o resultado não teria sido a descolonização, mas massacre e submissão. Contudo, a Inglaterra na Índia e a França na Argélia tinham boas razões para se controlar. O governo mediante a pura violência entra em jogo onde o poder está sendo perdido; é precisamente o encolhimento do poder do governo russo, interna e externamente, que se tornou manifesto em sua "solução" para o problema da Tchecoslováquia – assim como foi o encolhimento do poder do imperialismo europeu que se tornou manifesto na alternativa entre descolonização e massacre. Substituir violência por poder pode trazer a vitória, mas o preço é muito alto, pois ele não é pago só pelo vencido, é também pago pelo vitorioso em termos de seu próprio poder. Isso é especialmente verdadeiro quando acontece de o vitorioso desfrutar internamente das bênçãos do governo constitucional. Henry Steele Commager está totalmente certo: "Se subvertermos a ordem do mundo e destruirmos a paz mundial, devemos inevitavelmente subverter e destruir primeiro nossas próprias instituições políticas".[77] O tão temido efeito bumerangue do "governo de raças subjugadas" (Lord Cromer) no governo interno durante a era imperialista significou que o domínio pela violência em terras distantes terminaria por afetar o governo da Inglaterra, que a última "raça subjugada" seria a dos próprios ingleses. O recente ataque de gás no *campus* de Berkeley, onde não apenas gás lacrimogêneo, mas também um outro gás, "ilegal segundo a Convenção de Genebra e usado pelas forças armadas para expulsar guerrilhas no Vietnã", foi usado enquanto guardas com máscaras de gás

77 "Can We Limit Presidential Power?", in *The New Republic*, 6 de abril de 1968.

impediam todos e qualquer um "de fugir da área com gás", é um exemplo excelente desse fenômeno de "retaliação". Tem sido dito muitas vezes que a impotência gera violência, e psicologicamente isso é bem verdade, ao menos em relação a pessoas que possuem vigor natural, moral ou físico. Politicamente falando, o ponto é que a perda de poder torna uma tentação substituir violência por poder – em 1968, durante a convenção democrata em Chicago, pudemos assistir a esse processo na televisão[78] – e que a própria violência resulta em impotência. Onde a violência não é mais apoiada e restringida pelo poder, a conhecida inversão no cálculo de meios e fins aconteceu. Os meios, os meios de destruição, agora determinam o fim – com a consequência de que o fim será a destruição de todo poder.

Em nenhuma situação o fator de autoderrota na vitória da violência sobre o poder é mais evidente do que no uso do terror para manter a dominação, sobre cujos estranhos sucessos e eventuais fracassos sabemos talvez mais do que qualquer geração antes de nós. O terror não é a mesma coisa que a violência; é, antes, a forma de governo que passa a existir quando a violência, tendo destruído todo o poder, não abdica, mas, ao contrário, permanece no controle total. Tem sido muitas vezes notado que a efetividade do terror depende quase completamente do grau de atomização social. Todo tipo de oposição organizada deve desaparecer antes que a força total do terror possa ser liberada. Essa atomização – uma palavra escandalosamente pálida e acadêmica para o horror que ela implica – é mantida e intensificada pela ubiquidade do informante, que pode ser literalmente onipresente porque não é mais meramente um agente profissional a soldo da polícia, mas potencialmente toda pessoa com a qual se tem contato. Como um tal Estado policial totalmente desenvolvido é estabelecido e como funciona – ou, antes, como nada funciona onde ele domina – pode agora ser aprendido em *The First Circle* [O primeiro círculo], de Aleksandr I. Soljenítsin, que provavelmente será uma das obras-primas da literatura do século XX e certamente contém a melhor documentação existente sobre o regime de Stálin.[79] A diferença decisiva entre a dominação totalitária, baseada

---

78 Ver Apêndice XIII, p. 159.

79 Ver Apêndice XIV, p. 160.

no terror, e tiranias e ditaduras, estabelecidas pela violência, é que a primeira não se volta apenas contra seus inimigos, mas também contra seus amigos e apoiadores, temendo todo poder, mesmo o poder de seus amigos. O clímax do terror é alcançado quando o Estado policial começa a devorar seus próprios filhos, quando o carrasco de ontem se torna a vítima de hoje. E esse é também o momento em que o poder desaparece completamente. Existem agora numerosas explicações plausíveis para a desestalinização da Rússia – nenhuma, acredito, tão convincente quanto a percepção por parte dos próprios funcionários stalinistas de que a continuidade do regime levaria não a uma insurreição, contra a qual o terror é de fato a melhor garantia, mas à paralisação de todo o país.

Para resumir: politicamente falando, é insuficiente dizer que o poder e a violência não são a mesma coisa. O poder e a violência são opostos; onde um domina absolutamente, o outro está ausente. A violência aparece onde o poder está ameaçado, mas deixada ao seu próprio curso ela termina no desaparecimento do poder. Isso implica que não é correto pensar no oposto da violência como a não violência; falar em poder não violento é na verdade uma redundância. A violência é capaz de destruir o poder; é totalmente incapaz de criá-lo. A grande confiança de Hegel e de Marx no dialético "poder de negação", em virtude do qual opostos não se destroem, mas suavemente se desenvolvem um no outro, pois as contradições promovem e não paralisam o desenvolvimento, repousa sobre um preconceito filosófico muito mais antigo: que o mal nada mais é do que um *modus* privado do bem, que o bem pode vir do mal; que, em resumo, o mal é apenas uma manifestação temporária de um bem ainda oculto. Tais opiniões consagradas pelo tempo se tornaram perigosas. Elas são compartilhadas por muitos que nunca ouviram falar de Hegel ou Marx, pela simples razão de que inspiram esperança e dissipam o medo – uma esperança traiçoeira usada para dissipar o medo legítimo. Com isso não quero igualar violência e mal; apenas quero destacar que a violência não pode ser derivada de seu oposto, que é o poder, e que, para compreendê-la pelo que ela é, devemos examinar suas raízes e sua natureza.

III

Falar sobre a natureza e as causas da violência nesses termos deve parecer presunçoso num momento em que rios de dinheiro de fundações são canalizados para os diversos projetos de pesquisa de cientistas sociais, em que um dilúvio de livros sobre o tema já foi publicado, em que eminentes cientistas naturais – biólogos, fisiólogos, etiólogos e zoólogos – se uniram em um esforço máximo para resolver o enigma da "agressividade" no comportamento humano, e até surgiu uma novíssima ciência, chamada "polemologia". Tenho duas desculpas para tentar ainda assim.

Primeiro, embora eu considere boa parte do trabalho dos zoólogos fascinante, não consigo ver como ele poderia ser aplicado ao nosso problema. Para saber que as pessoas vão lutar pela sua terra natal, não tivemos que descobrir instintos de "territorialismo grupal" em formigas, peixes e macacos; e, para aprender que superlotação resulta em irritação e agressividade, não precisamos fazer experimentos em ratos. Um dia nas favelas de qualquer cidade grande bastaria. Fico surpresa e muitas vezes encantada ao ver que alguns animais se comportam como seres humanos; não vejo como isso poderia justificar ou condenar o comportamento humano. Não consigo compreender por que somos instados "a reconhecer que o ser humano se comporta bastante como uma espécie de grupo territorial", ao invés do contrário – que algumas espécies animais se comportam de modo muito semelhante aos seres humanos.[80] (Seguindo Adolf Portmann, esses novos *insights* sobre o comportamento animal não preenchem a lacuna entre o ser humano e o animal; eles apenas demonstram que "muito mais do que sabemos sobre nós mesmos também ocorre nos animais, mais do que pensamos".)[81] Por que devemos, depois de ter "eliminado" todos os antropomorfismos da

---

80 Nikolas Tinbergen, "On War and Peace in Animals and Man", in *Science*, 160:1411 (28 de junho de 1968).

81 *Das Tier als soziales Wesen*, Zurique, 1953, p. 237-238: "*Wer sich in die Tatsachen vertieft [...] der wird feststellen, dass die neuen Einblicke in die Differenziertheit tierischen Treibens uns zwingen, mit allzu einfachen Vorstellungen von höheren Tieren ganz entschieden aufzuräumen. Damit wird aber nicht etwa—wie zuweilen leichthin gefolgert wird—das Tierische dem Menschlichen immer mehr genähert. Es zeigt sich lediglich, dass viel mehr von dem, was wir von uns selbst kennen, auch beim Tier vorkommt*".

psicologia animal (se realmente fomos bem-sucedidos é outra questão), tentar agora descobrir "quão 'teriomorfo' é o ser humano"?[82] Não é óbvio que o antropomorfismo e o teriomorfismo nas ciências do comportamento são apenas dois lados do mesmo "erro"? Além disso, se definimos o ser humano como pertencente ao reino animal, por que devemos pedir que ele extraia seus padrões de comportamento de outra espécie animal? A resposta, receio, é simples: é mais fácil fazer experimentos com animais, e isso não somente por razões humanitárias – pois não é agradável nos colocar em gaiolas; o problema é que os seres humanos conseguem trapacear.

Segundo, os resultados das pesquisas tanto das ciências sociais como das ciências naturais tendem a fazer do comportamento violento até mais uma reação "natural" do que estaríamos dispostos a conceder sem eles. Diz-se que a agressividade, definida como um impulso instintivo, desempenha o mesmo papel funcional na natureza que os instintos nutritivo e sexual no processo vital dos indivíduos e das espécies. Mas, diferentemente desses instintos, que são ativados pelas necessidades corporais irresistíveis, de um lado, e por estímulos externos, de outro, os instintos agressivos no reino animal parecem independer de tais provocações. Ao contrário, a falta de provocação aparentemente leva à frustração do instinto, à agressividade "reprimida", que, de acordo com os psicólogos, causa um represamento de "energia" cuja explosão final será ainda mais perigosa. (É como se a *sensação* de fome no indivíduo aumentasse com a diminuição no número de pessoas com fome.)[83] Segundo essa interpretação, a violência sem provocação é "natural". Se

---

[Quem se aprofundar no assunto (...) descobrirá que as novas constatações sobre a diferenciação do comportamento animal nos obrigam a acabar, de uma vez por todas, com todas as ideias muito simples sobre os animais superiores. No entanto, isso não significa que, como às vezes facilmente se conclui, os animais estejam cada vez mais próximos dos humanos. Isso apenas mostra que muito mais do que sabemos sobre nós mesmos também ocorre nos animais.]

82 Ver Erich von Hoist, *Zur Verhaltensphysiologie bet Tieren und Menschen*, Gesammelte Abhandlungen, vol. I, Munique, 1969, p. 239.

83 Para refutar o absurdo dessa conclusão faz-se uma distinção entre instintos endógenos e espontâneos, por exemplo, a agressão, e impulsos reativos como a fome. Mas uma distinção entre espontaneidade e reatividade não faz sentido em uma discussão sobre impulsos inatos. No mundo natural não há espontaneidade propriamente falando, e

perdeu sua *justificativa*, basicamente sua função na autopreservação, ela se torna "irracional", e é supostamente por essa razão que os homens podem ser mais "bestiais" que outros animais. (Na literatura, somos constantemente lembrados do comportamento generoso dos lobos, que não matam o inimigo derrotado.)

Bem à parte da transposição equivocada de termos físicos como "energia" e "força" para dados biológicos e zoológicos, nos quais eles não fazem sentido por não poderem ser medidos,[84] receio que espreita por trás dessas mais novas "descobertas" a mais antiga definição da natureza humana – a definição do ser humano como o *animal rationale*, de acordo com a qual somos distintos das outras espécies animais em nada além do atributo adicional da razão. A ciência moderna, partindo acriticamente dessa antiga suposição, foi longe em "provar" que os seres humanos compartilham de todas as outras propriedades com algumas espécies do reino animal – exceto pelo fato de que o dom adicional da "razão" faz do ser humano um animal mais perigoso. É o uso da razão que nos faz perigosamente "irracionais", porque essa razão é a propriedade de um "ser originariamente instintivo".[85] Os cientistas sabem, é claro, que o ser humano é o fabricante de ferramentas que tem inventado essas armas de longo alcance que o libertam das restrições "naturais" que encontramos no reino animal, e que fazer ferramentas é uma atividade *mental* altamente complexa.[86] Assim, a ciência é chamada para

---

instintos ou impulsos apenas manifestam o modo altamente complexo como todos os organismos vivos, incluindo o ser humano, estão adaptados ao seu processo.

84 O caráter hipotético de *On Aggression*, de Konrad Lorenz (Nova York, 1966), é esclarecido na interessante coleção de ensaios sobre agressão e adaptação editada por Alexander Mitscherlich sob o título *Bis hierher und nicht weiter. Ist die menschliche Aggression unbefriedbar?*, Munique, 1968.

85 Von Holst, op. cit., p. 283: "*Nicht, well wir Verstandeswesen, sondern well wir ausserdem ganz urtümliche Triebwesen sind, ist unser Dasein im Zeitalter der Technik gefährdet*". [Nossa existência na era da técnica está em perigo não porque somos seres de entendimento, mas porque também somos seres total e originariamente instintivos.]

86 As armas de longo alcance, vistas pelos polemologistas como tendo libertado os instintos primitivos do ser humano a ponto de os controles de salvaguarda da espécie não funcionarem mais (ver Tinbergen, op. cit.), são tomadas por Otto Klineberg ("Fears of a Psychologist", in Calder, op. cit., p. 208) mais como um indicativo "de que a agressividade pessoal [não] desempenha [nenhum] papel importante como um motivo para

nos curar dos efeitos colaterais da razão manipulando e controlando nossos instintos, geralmente encontrando válvulas de escape inofensivas para eles depois que sua "função como promotores da vida" desapareceu. O padrão de comportamento é novamente derivado de outras espécies animais, nas quais a função dos instintos de vida não foi destruída pela intervenção da razão humana. E a distinção específica entre o ser humano e o animal é agora, estritamente falando, não mais a razão (a *lumen naturale* do animal humano), mas a ciência, o conhecimento desses padrões e as técnicas que os aplicam. De acordo com essa visão, o ser humano age irracionalmente e como um animal se se recusa a ouvir os cientistas ou ignora seus últimos achados. Contra essas teorias e suas implicações, argumento na sequência que a violência não é bestial nem irracional – quer compreendamos esses termos na linguagem comum dos humanistas ou de acordo com teorias científicas.

Que a violência muitas vezes surge da raiva é um lugar-comum, e a raiva pode de fato ser irracional e patológica, mas todos os outros afetos humanos também. Sem dúvida é possível criar condições sob as quais os seres humanos são desumanizados – como os campos de concentração, a tortura e a fome –, mas isso não significa que eles se tornam semelhantes a animais; e, sob tais condições, não a raiva e a violência, mas sua evidente ausência é o sinal mais claro de desumanização. A raiva não é de forma alguma uma reação automática à miséria e ao sofrimento como tais; ninguém reage com raiva a uma doença incurável ou a um terremoto, ou, aliás, a condições sociais que parecem ser imutáveis. Apenas onde há razão para suspeitar de que as condições poderiam ser mudadas e não mudam é que surge a raiva. Apenas quando nosso senso de justiça é ofendido reagimos com raiva, e essa reação de modo algum reflete necessariamente dano pessoal, como é demonstrado por toda a história da revolução, na qual invariavelmente membros da classe alta desencadearam e depois lideraram as rebeliões dos oprimidos e subjugados. Recorrer à violência quando confrontado com eventos ou condições ultrajantes é enormemente tentador por causa de seus inerentes imediatismo e rapidez. Agir com velocidade *deliberada* vai contra a raiva e a

---

a guerra". Os soldados, alguém poderia continuar o argumento, não são assassinos, e assassinos – aqueles com "agressividade pessoal" – provavelmente nem são bons soldados.

violência, mas isso não as torna irracionais. Ao contrário, tanto na vida privada como na vida pública há situações nas quais a própria rapidez de um ato violento pode ser o único remédio apropriado. O ponto não é que isso nos permite desabafar – o que de fato pode ser igualmente bem-feito esmurrando a mesa ou batendo a porta. O ponto é que sob certas circunstâncias a violência – agir sem argumento ou discurso e sem considerar as consequências – é o único modo de reequilibrar as balanças da justiça. (Billy Budd, ferindo de morte o indivíduo que sustentou falso testemunho contra ele, é o exemplo clássico.) Nesse sentido, a raiva e a violência que às vezes – nem sempre – a acompanha estão entre as emoções *humanas* "naturais", e curar o ser humano delas significaria nada menos que desumanizá-lo ou castrá-lo. Que tais atos, nos quais os seres humanos tomam as leis nas próprias mãos para fazer justiça, estão em conflito com as constituições das comunidades civilizadas é inegável; mas seu caráter antipolítico, tão manifesto na grande estória de Melville, não significa que eles são inumanos ou "meramente" emocionais.

A ausência de emoções também não causa nem promove a racionalidade. "Desapego e moderação" em vista de uma "tragédia insuportável" podem ser realmente "aterrorizantes",[87] a saber, quando não são o resultado do controle, mas uma manifestação evidente de incompreensão. Para responder razoavelmente, devemos antes de tudo ser "sensibilizados", e o oposto de emocional não é "racional", seja o que for que isso possa significar, mas ou a incapacidade de se sensibilizar, geralmente um fenômeno patológico, ou o sentimentalismo, que é uma perversão do sentimento. A raiva e a violência se tornam irracionais apenas quando são dirigidas contra substitutos, e isso, receio, é precisamente o que os psiquiatras e polemologistas preocupados com a agressividade humana recomendam, e o que corresponde, infelizmente, a certos humores e atitudes irrefletidas na sociedade em geral. Todos sabemos, por exemplo, que se tornou bastante elegante entre liberais brancos reagir às queixas dos negros com o grito "Somos todos culpados", e o movimento Black Power soube de bom grado tirar vantagem dessa "confissão" para instigar

87 Estou parafraseando uma frase de Noam Chomsky (op. cit., p. 371), que é muito boa em expor a "fachada de obstinação e a pseudociência" e o "vácuo" intelectual por trás dela, especialmente nos debates sobre a guerra do Vietnã.

uma irracional "raiva negra". Onde todos são culpados, ninguém é culpado. Confissões de culpa coletiva são a melhor salvaguarda possível contra a descoberta dos culpados, e a própria magnitude do crime é a melhor desculpa para não fazer nada. Nesse exemplo particular, é, ademais, uma escalada perigosa e ofuscante do racismo para regiões mais altas e menos tangíveis. A fratura real entre brancos e negros não é curada ao ser traduzida em um conflito ainda menos conciliável entre inocência coletiva e culpa coletiva. "Todos os homens brancos são culpados" não é apenas uma tolice perigosa, mas também racismo invertido, e serve de modo bastante eficaz para dar às queixas e emoções racionais e bastante reais da população negra uma via para a irracionalidade, uma fuga da realidade.

Além disso, se investigarmos historicamente as causas mais suscetíveis a transformar *engagés* (engajados) em *enragés* (furiosos), não é a injustiça que fica em primeiro lugar, mas a hipocrisia. Seu importante papel nos últimos estágios da Revolução Francesa, quando a guerra de Robespierre contra a hipocrisia transformou o "despotismo de liberdade" no Reino do Terror, é bem conhecido demais para ser discutido aqui, mas é importante lembrar que essa guerra tinha sido declarada muito antes pelos moralistas franceses que viam na hipocrisia o vício de todos os vícios e o encontraram reinando supremo na "boa sociedade", que um pouco mais tarde foi chamada de sociedade burguesa. Não foram muitos os autores de destaque que glorificaram a violência pela violência, mas esses poucos – Sorel, Pareto, Fanon – foram motivados por um ódio muito mais profundo à sociedade burguesa e foram levados a uma ruptura muito mais radical com seus padrões morais do que a esquerda convencional, que foi inspirada principalmente pela compaixão e um desejo ardente por justiça. Tirar a máscara de hipocrisia da face do inimigo, desmascará-lo e às desonestas maquinações e manipulações que permitem a ele governar sem usar meios violentos, isto é, provocar a ação mesmo sob o risco de aniquilação para que assim a verdade possa vir à tona – esses estão ainda entre os motivos mais fortes para a violência atual nos *campi* e nas ruas.[88] E essa violência, de novo,

---

88 "Se lemos as publicações da SDS [Estudantes para uma Sociedade Democrática], vemos que elas têm frequentemente recomendado provocações à polícia como uma estra-

não é irracional. Uma vez que os seres humanos vivem em um mundo de aparências e, ao lidarem com ele, dependem de manifestação, as presunções da hipocrisia – distintas de artimanhas convenientes, que são seguidas pela divulgação no devido tempo – não podem ser refutadas pelo assim chamado comportamento sensato. Podemos confiar nas palavras apenas se estamos certos de que sua função é revelar e não esconder. É a aparência de racionalidade, muito mais do que os interesses por trás dela, que provoca raiva. Usar a razão quando a razão é usada como uma armadilha não é "racional", assim como usar uma arma em legítima defesa não é "irracional". Essa reação violenta contra a hipocrisia, ainda que justificável em seus próprios termos, perde sua *raison d'être* quando tenta desenvolver uma estratégia própria com metas específicas. Torna-se "irracional" no momento em que é "racionalizada", isto é, no momento em que a re-ação no curso de um conflito se transforma em uma ação, e a caça por suspeitos começa, acompanhada pela caça psicológica por segundas intenções.[89]

Apesar de a eficácia da violência, como observei antes, não depender de números – um indivíduo com uma metralhadora pode manter centenas de pessoas bem-organizadas e a distância –, não obstante em violência coletiva suas características mais perigosamente atrativas vêm à tona, e isso de modo algum porque há segurança nos números. É perfeitamente verdadeiro que na ação militar, assim como na ação revolucionária, "o individualismo é o primeiro [valor] a desaparecer".[90] Em seu lugar, encontramos um tipo de coerência de grupo que é mais intensamente sentida e que se revela um vínculo mais forte, embora menos duradouro, do que todas as variedades de amizade, civil ou privada.[91] Realmente, em todos os empreendimentos ilegais, criminosos ou

---

tégia para 'desmascarar' a violência das autoridades." Spender (op. cit., p. 92) comenta que esse tipo de violência "leva à ambiguidade na qual o provocador desempenha ao mesmo tempo o papel de agressor e de vítima". A guerra contra a hipocrisia abriga grandes perigos, alguns dos quais examinei brevemente em *On Revolution* [Sobre a revolução], Nova York, 1963, p. 91-101.

89 Ver Apêndice XV, p. 160.

90 Fanon, op. cit., p. 47.

91 J. Glenn Gray, *The Warriors* (Nova York, 1959), é muito perceptivo e instrutivo nesse ponto. Deveria ser lido por todos os interessados na prática da violência.

políticos, o grupo, para sua própria segurança, exigirá "que cada indivíduo desempenhe uma ação irrevogável" a fim de destruir suas pontes com a sociedade respeitável antes que ele seja admitido na comunidade de violência. Mas, uma vez admitido, ele cairá sob o feitiço tóxico da "prática da violência [que] liga os seres humanos em um todo coeso, já que cada indivíduo forma um elo na grande corrente, uma parte do grande organismo de violência que emergiu".[92]

As palavras de Fanon apontam para o fenômeno bem conhecido da irmandade no campo de batalha, onde os feitos mais nobres, mais altruístas, são muitas vezes ocorrências diárias. De todos os equalizadores, a morte parece ser o mais potente, ao menos nas poucas situações extraordinárias em que se permite que ela desempenhe um papel político. A morte, seja ela encarada como morte real ou como a consciência da própria mortalidade, é talvez a experiência mais antipolítica que existe. Ela significa que vamos desaparecer do mundo das aparências e deixar a companhia de nossos companheiros, que são as condições de toda a política. No que concerne à experiência humana, a morte indica um extremo de solidão e impotência. Mas, encarada coletivamente e em ação, a morte muda de fisionomia; agora nada parece intensificar mais nossa vitalidade do que sua proximidade. Algo de que em geral dificilmente estamos conscientes, a saber, que nossa própria morte é acompanhada pela imortalidade potencial do grupo ao qual pertencemos e, em última análise, da espécie, se move para o centro de nossa experiência. É como se a própria vida, a vida imortal da espécie, nutrida, por assim dizer, pela morte sempiternal de seus membros individuais, fosse "emergir", fosse realizada na prática da violência.

Seria errado, penso, falar aqui de meros sentimentos. Afinal de contas, uma das propriedades proeminentes da condição humana encontra aqui uma experiência adequada. Em nosso contexto, contudo, o ponto da questão é que essas experiências, cuja força elementar está fora de dúvida, nunca encontraram uma expressão institucional, política, e que a morte enquanto equalizador mal desempenha qualquer papel na filosofia política, apesar de a mortalidade humana – o fato de que os seres humanos são "mortais", como os gregos costumavam dizer – ter

---

92 Fanon, op. cit., p. 85 e 93, respectivamente.

sido compreendida como o motivo mais forte para a ação política no pensamento político pré-filosófico. Era a certeza da morte que fazia os seres humanos buscarem a fama imortal em feitos e palavras, e que os levou a estabelecer um corpo político que fosse potencialmente imortal. Assim, a política foi precisamente um meio de escapar da igualdade diante da morte para uma distinção que assegurasse alguma medida de imortalidade. (Hobbes é o único filósofo político em cuja obra a morte, na forma de medo da morte violenta, desempenha um papel decisivo. Mas não é a igualdade diante da morte que é decisiva para Hobbes; é a igualdade do medo, resultante da igual capacidade de matar que todos possuem, que persuade os homens em estado de natureza a unirem-se em uma comunidade.) Seja como for, nenhum corpo político que eu conheça foi fundado na igualdade diante da morte e em sua realização na violência. Os esquadrões suicidas da história, que foram de fato organizados por esse princípio e, portanto, muitas vezes chamavam a si mesmos "irmandades", dificilmente poderiam ser considerados organizações políticas. Mas é verdade que os fortes sentimentos fraternais que a violência coletiva engendra enganaram muitas pessoas boas na esperança de que uma nova comunidade em conjunto com um "novo ser humano" surgisse daí. A esperança é uma ilusão pela simples razão de que nenhum relacionamento humano é mais transitório do que esse tipo de irmandade, que pode ser realizado apenas sob condições de perigo imediato à vida e à integridade física.

Isso, contudo, é apenas um lado da questão. Fanon conclui seu elogio à prática da violência observando que nesse tipo de luta as pessoas percebem "que a vida é um conflito sem fim", que a violência é um elemento da vida. E isso não soa plausível? Os seres humanos não equacionam sempre a morte com o "descanso eterno", e não se segue que onde temos vida temos luta e inquietação? A quietude não é uma clara manifestação de falta de vida ou declínio? A ação violenta não é uma prerrogativa dos jovens – aqueles que presumivelmente são cheios de vida? Portanto, o elogio da vida e o elogio da violência não são a mesma coisa? Sorel, de qualquer modo, pensava nesses termos sessenta anos atrás. Antes de Spengler, ele previu o "Declínio do Ocidente", tendo observado claros sinais de abatimento na luta de classes europeia. A burguesia, argumentou, tinha perdido a "energia" para desempenhar seu papel na luta de classes; a Europa apenas poderia ser salva se o proletariado pudesse ser persuadido a usar a violência, a fim de reafirmar as distinções de classe e despertar o espírito de luta da burguesia.[93]

Por isso, muito antes de Konrad Lorenz ter descoberto a função da agressão como estimulante de vida no reino animal, a violência era elogiada como uma manifestação da força de vida e especificamente de sua criatividade. Sorel, inspirado pelo *élan* vital de Bergson, visava a uma filosofia da criatividade projetada para os "produtores" e polemicamente dirigida contra a sociedade de consumo e seus intelectuais; ambos os grupos, ele sentia, eram parasitas. A imagem do burguês – pacífico, complacente, hipócrita, empenhado no prazer, sem vontade de poder, mais um produto tardio do capitalismo do que seu representante – e a imagem do intelectual, cujas teorias são "construções" em vez de "expressões da vontade",[94] são esperançosamente contrabalançadas em seu trabalho pela imagem do trabalhador. Sorel vê o trabalhador como o "produtor", que criará as novas "qualidades morais, que são necessárias para melhorar a produção", destruirá "os Parlamentos [que] são tão lotados quanto as assembleias de acionistas"[95] e se oporá à "imagem de Progresso [...] a imagem da catástrofe total", quando "um tipo de onda irresistível passará por cima da velha civilização".[96] Os novos valores acabam por não ser muito novos. Eles são um senso de honra, desejo por fama e glória, o espírito de luta sem ódio e "sem o espírito de vingança", e a indiferença às vantagens materiais. Ainda assim, eles são de fato as próprias virtudes que estavam visivelmente ausentes da sociedade burguesa.[97] "A guerra social, ao fazer um apelo à honra que se desenvolve tão naturalmente em todos os exércitos organizados, pode eliminar aqueles maus sentimentos contra os quais a moralidade permaneceria impotente. Se essa fosse a única razão [...] essa razão sozinha seria, me parece, decisiva em favor dos apologistas da violência."[98]

---

93 Sorel, op. cit., capítulo 2, "On Violence and the Decadence of the Middle Classes".

94 Ibidem, "Introduction, Letter to Daniel Halevy", iv.

95 Ibidem, capítulo 7, "The Ethics of the Producers", I.

96 Ibidem, capítulo 4, "The Proletarian Strike", II.

97 Ibidem; ver especialmente o capítulo 5, III, e o capítulo 3, "Prejudices against Violence", III.

98 Ibidem, Apêndice 2, "Apology for Violence".

Pode-se aprender muito com Sorel sobre os motivos que levam os seres humanos a glorificar a violência em abstrato, e até mais de seu mais talentoso contemporâneo italiano, também de formação francesa, Vilfredo Pareto. Fanon, que teve uma intimidade infinitamente maior com a prática da violência do que ambos, foi muito influenciado por Sorel e usou suas categorias mesmo quando suas próprias experiências falavam claramente contra elas.[99] A experiência decisiva que persuadiu tanto Sorel quanto Pareto a enfatizar o fator da violência nas revoluções foi o Caso Dreyfus na França, quando, nas palavras de Pareto, eles ficaram "espantados ao ver [os partidários de Dreyfus] empregando contra seus oponentes os mesmos métodos vis que eles próprios haviam denunciado".[100] Naquele momento eles descobriram o que chamamos hoje de *Establishment* e que antes era chamado de Sistema. Foi essa descoberta que fez com que eles passassem a elogiar a ação violenta e fez Pareto, por sua vez, perder as esperanças na classe trabalhadora. (Pareto compreendeu que a rápida integração dos trabalhadores ao corpo social e político da nação na verdade equivalia a "uma aliança entre a burguesia e os trabalhadores", ao "aburguesamento" dos trabalhadores, que então, de acordo com ele, deu origem a um novo sistema, que ele chamou de "plutodemocracia" – uma forma de governo mista, sendo a plutocracia o regime burguês e a democracia o regime dos trabalhadores.) A razão

99 Isso foi recentemente enfatizado por Barbara Deming em seu apelo à ação não violenta – "On Revolution and Equilibrium", in *Revolution: Violent and Nonviolent*, reimpresso do *Liberations*, fevereiro de 1968. Ela diz sobre Fanon, na página 3: "Estou convicta de que ele também pode ser citado como apelando à não violência [...] Toda vez que encontrar a palavra 'violência' em suas páginas, substitua-a pela expressão 'ação radical e sem concessões'. Afirmo que, à exceção de pouquíssimas páginas, essa substituição pode ser feita, e que a ação que ele pede poderia muito bem ser uma ação não violenta". Ainda mais importante para meu propósito: Deming também tenta distinguir claramente entre poder e violência, e reconhece que a "ruptura não violenta" significa "exercer a força [...] Recorrer mesmo ao que só pode ser chamado de força física" (p. 6). No entanto, ela curiosamente subestima o efeito dessa força de ruptura, que se detém só um pouco antes da lesão física, ao dizer que "os direitos humanos do adversário são respeitados" (p. 7). Apenas o direito à vida do oponente, mas nenhum dos direitos humanos, é realmente respeitado. O mesmo é verdadeiro, claro, para aqueles que defendem "a violência contra as coisas" em oposição à "violência contra pessoas".

100 Citado do instrutivo ensaio de S. E. Fitter, "Pareto and Pluto-Democracy: The Retreat to Galapagos", in *The American Political Science Review*, junho de 1968.

pela qual Sorel se agarrou à sua fé marxista na classe trabalhadora foi que os trabalhadores eram os "produtores", o único elemento criativo na sociedade, aqueles que, de acordo com Marx, estavam destinados a liberar as forças produtivas da humanidade; o problema era apenas que, tão logo os trabalhadores alcançavam um nível satisfatório de condições de trabalho e de vida, eles teimosamente se recusavam a permanecer proletários e a desempenhar seu papel revolucionário.

Contudo, outra coisa, que se tornou plenamente manifesta apenas nas décadas após a morte de Sorel e de Pareto, foi incomparavelmente mais desastrosa para essa visão. O enorme crescimento da produtividade no mundo moderno não se deveu de forma alguma ao aumento da produtividade dos trabalhadores, mas exclusivamente ao desenvolvimento da tecnologia, e isso não dependeu da classe trabalhadora nem da burguesia, mas dos cientistas. Os "intelectuais", tão desprezados por Sorel e Pareto, de repente deixaram de ser um grupo social marginal e emergiram como uma nova elite, cujo trabalho, tendo transformado as condições da vida humana para quase além de todo reconhecimento em poucas décadas, tem permanecido essencial para o funcionamento da sociedade. Há muitas razões para esse novo grupo não ter, ou não ter ainda, se transformado em uma elite de poder, mas há de fato toda razão para acreditar, com Daniel Bell, que "não apenas os melhores talentos, mas finalmente todo o complexo de prestígio social e de status social, estará enraizado nas comunidades intelectuais e científicas".[101] Seus membros são mais dispersos e menos vinculados por interesses claros do que os grupos no velho sistema de classes; consequentemente, eles não têm motivação para se organizarem e lhes falta experiência em todos os assuntos relativos ao poder. Também, sendo muito mais ligados às tradições culturais, sendo uma delas a tradição revolucionária, eles se agarram com grande tenacidade a categorias do passado que os impedem de compreender o presente e seu próprio papel nele. É muitas vezes comovente ver com que sentimentos nostálgicos os mais rebeldes de nossos estudantes esperam que o "verdadeiro" ímpeto revolucionário venha daqueles grupos da sociedade que os denunciam de modo mais veemente quanto mais eles têm a perder com qualquer coisa que

---

101 "Notes on the Post-Industrial Society", *The Public Interest*, nº 6, 1967.

perturbe o suave funcionamento da sociedade de consumidores. Para melhor ou para pior – e penso que há toda razão tanto para ter medo quanto esperança –, a classe realmente nova e potencialmente revolucionária na sociedade consistirá em intelectuais, e seu poder potencial, ainda não percebido, é muito grande, talvez grande demais para o bem da humanidade.[102] Mas são especulações.

Seja como for, neste contexto estamos principalmente interessados no estranho renascimento das filosofias da vida de Bergson e de Nietzsche em sua versão soreliana. Nós todos sabemos até que ponto essa velha combinação de violência, vida e criatividade figura no estado de espírito rebelde da atual geração. Não há dúvida de que a ênfase na pura factualidade do viver e, portanto, no fazer amor como a mais gloriosa manifestação da vida é uma resposta à real possibilidade de construir uma máquina para o fim do mundo e destruir toda a vida na Terra. Mas as categorias nas quais os novos glorificadores da vida se compreendem não são novas. Ver a produtividade da sociedade na imagem da "criatividade" da vida é ao menos tão velho quanto Marx, acreditar na violência como uma força estimulante de vida é ao menos tão velho quanto Nietzsche, e pensar na criatividade como o maior bem humano é ao menos tão velho quanto Bergson.

E essa aparentemente tão nova justificativa biológica da violência está outra vez intimamente conectada com os elementos mais perniciosos de nossas mais antigas tradições de pensamento político. De acordo com o conceito tradicional de poder, equacionado, como vimos, com a violência, o poder é expansionista por natureza. Ele "tem um impulso interno para crescer", é criativo porque "o instinto de crescimento lhe é próprio".[103] Assim como no âmbito da vida orgânica tudo ou cresce ou declina e morre, também no âmbito dos assuntos humanos o poder supostamente pode se sustentar apenas pela expansão; de outro modo, ele definha e morre. "Aquilo que para de crescer começa a apodrecer", afirma um ditado russo da *entourage* de Catarina, a Grande. Os reis, nos disseram, foram mortos "não por causa de sua tirania, mas por causa de sua fraqueza. O povo ergue cadafalsos não como a punição moral pelo

---

102 Ver Apêndice XVI, p. 161.

103 Jouvenel, op. cit., p. 114 e 123, respectivamente.

despotismo, mas como a penalidade *biológica* pela fraqueza" (ênfase nossa). As revoluções, portanto, foram dirigidas contra os poderes estabelecidos "apenas de um ponto de vista externo". Seu verdadeiro "efeito foi dar ao Poder um novo vigor e estabilidade, e destruir os obstáculos que por muito tempo obstruíram seu desenvolvimento".[104] Quando Fanon fala da "loucura criativa" presente na ação violenta, ainda está pensando nessa tradição.[105]

Nada, em minha opinião, poderia ser teoricamente mais perigoso do que a tradição do pensamento orgânico nos assuntos políticos, segundo a qual o poder e a violência são interpretados em termos biológicos. Da forma como esses termos são compreendidos hoje, a vida e a suposta criatividade da vida são seu denominador comum, de modo que a violência é justificada com base na criatividade. As metáforas orgânicas que permeiam toda a nossa atual discussão desses assuntos, especialmente dos tumultos – a noção de uma "sociedade doente", da qual os tumultos são sintomas, como a febre é um sintoma de doença –, podem apenas terminar por promover a violência. É assim que o debate entre aqueles que propõem meios violentos para restaurar a "lei e a ordem" e aqueles que propõem reformas não violentas começa a soar ameaçadoramente como uma discussão entre dois médicos que debatem as vantagens relativas da cirurgia em oposição ao tratamento clínico de seu paciente. Quanto mais doente o paciente supostamente está, mais provável é que o cirurgião dê a última palavra. Além disso, enquanto falamos em termos não políticos, biológicos, os glorificadores da violência podem apelar ao fato inegável de que, no seio da natureza, destruição e criação são apenas os dois lados do processo natural, de modo que a ação violenta coletiva, para além de sua atração inerente, pode parecer um pré-requisito tão natural para a vida coletiva da humanidade quanto a luta pela sobrevivência e a morte violenta para a continuidade da vida no reino animal.

O perigo de se deixar levar pela plausibilidade enganosa das metáforas orgânicas é particularmente grande quando a questão racial está envolvida. O racismo, branco ou negro, é repleto de violência por

---

104 Ibidem, p. 187 e 188.

105 Fanon, op. cit., p. 95.

definição, pois contesta fatos orgânicos naturais – uma pele branca ou negra – que nenhuma persuasão ou poder poderia mudar; tudo o que se pode fazer, quando as fichas estão sobre a mesa, é exterminar seus portadores. O racismo, distinto de raça, não é um fato da vida, mas uma ideologia, e os feitos a que ele leva não são ações involuntárias, mas atos deliberados baseados em teorias pseudocientíficas. A violência na luta inter-racial é sempre assassina, mas não é "irracional"; é a consequência lógica e racional do racismo, e com isso não me refiro a alguns preconceitos bastante vagos de ambos os lados, mas a um sistema ideológico explícito. Sob a pressão do poder, os preconceitos, que são distintos tanto de interesses quanto de ideologias, podem ceder – como vimos acontecer com o muito bem-sucedido movimento pelos direitos civis, que era totalmente não violento. ("Por volta de 1964 [...] a maioria dos norte-americanos estava convencida de que subordinação e, em grau menor, a segregação eram erradas.")[106] Mas, enquanto os boicotes, as ocupações e as manifestações foram bem-sucedidos em eliminar leis, decretos e portarias discriminatórios no Sul, eles provaram ser fracassos absolutos e se tornaram contraproducentes quando se defrontaram com as condições sociais nos grandes centros urbanos – as gritantes necessidades dos guetos negros, de um lado, os interesses prevalecentes dos grupos brancos de baixa renda em habitação e educação, de outro. Tudo o que esse modo de ação poderia fazer, e realmente fez, era levar essas condições à luz, para a rua, onde a característica irreconciliável básica dos interesses foi perigosamente exposta.

Mas mesmo a violência de hoje, os tumultos dos negros e a violência potencial da reação branca não são ainda manifestações de ideologias racistas e de sua lógica assassina. (Os tumultos, como se tem afirmado recentemente, são "protestos articulados contra queixas genuínas";[107] de fato, "restrição e seletividade – ou [...] racionalidade estão certamente entre [suas] mais cruciais características".[108] E muito disso também é

---

106 Robert M. Fogelson, "Violence as Protest", in *Urban Riots: Violence and Social Change*, Proceedings of the Academy of Political Science, Columbia University, 1968.

107 Ibidem.

108 Ibidem. Ver também o excelente artigo "Official Interpretation of Racial Riots", de Allan A. Silver, na mesma coletânea.

verdadeiro para o fenômeno de reação, que, ao contrário de todas as previsões, até agora não foi caracterizado pela violência. É a reação perfeitamente racional de certos grupos de interesse que protestam furiosamente por terem sido escolhidos para pagar sozinhos todo o preço das políticas mal planejadas de integração, de cujas consequências seus autores podem facilmente escapar.)[109] O maior perigo vem da outra direção; uma vez que a violência sempre precisa de justificação, uma escalada da violência nas ruas pode trazer à tona uma ideologia verdadeiramente racista para justificá-la. O racismo negro, tão flagrantemente evidente no "Manifesto" de James Forman, é provavelmente mais uma reação aos caóticos tumultos dos últimos anos do que sua causa. Ele poderia, é claro, provocar uma reação branca realmente violenta, cujo maior risco seria a transformação dos preconceitos dos brancos em uma ideologia racista plenamente desenvolvida para a qual "lei e ordem" se tornariam de fato mera fachada. Nesse caso ainda improvável, o clima de opinião no país poderia se deteriorar a um ponto no qual a maioria de seus cidadãos estaria disposta a pagar o preço do terror invisível de um Estado policial pela lei e ordem nas ruas. O que temos agora, um tipo de reação policial, bastante brutal e altamente visível, não é nada disso.

O comportamento e os argumentos em conflitos de interesses não são notórios por sua "racionalidade". Nada, infelizmente, tem sido tão constantemente refutado pela realidade do que o credo do "autointeresse esclarecido", tanto em sua versão literal como em sua variante marxista mais sofisticada. Alguma experiência mais um pouco de reflexão ensinam, ao contrário, que ser esclarecido vai contra a própria natureza do autointeresse. Tomemos como exemplo da vida cotidiana o atual conflito de interesses entre o inquilino e o proprietário: o interesse esclarecido se concentraria em um edifício adequado à habitação humana, mas esse interesse é completamente diferente, e na maioria dos casos oposto, do autointeresse do proprietário em ganhar mais e do autointeresse do inquilino em pagar menos aluguel. A resposta comum de um árbitro, supostamente o porta-voz do "esclarecimento", isto é, que *no longo prazo* o interesse do edifício é o *verdadeiro* interesse de ambos, proprietário e inquilino, não leva em consideração o fator tempo, que é

---

109 Ver Apêndice XVII, p. 162.

de primordial importância para todos os envolvidos. O autointeresse é o interesse no eu, e o eu morre, muda-se ou vende a casa; por causa de sua condição mutável, isto é, fundamentalmente por causa da condição humana da mortalidade, o eu *qua* eu não pode considerar em termos do interesse de longo prazo, quer dizer, o interesse de um mundo que sobrevive a seus habitantes. A deterioração do edifício é uma questão de anos; um aumento do aluguel ou um ganho temporariamente mais baixo são para hoje ou para amanhã. E algo parecido, *mutatis mutandis*, é evidentemente verdadeiro para os conflitos trabalhistas e afins. O autointeresse, quando solicitado a ceder a interesses "verdadeiros" – isto é, o interesse do mundo como distinto daquele do eu –, sempre vai responder: "Minha blusa está perto, mas mais perto está minha pele". Isso pode não ser particularmente razoável, mas é bastante realista; não é muito nobre, mas é uma resposta adequada à discrepância de tempo entre as vidas privadas dos seres humanos e a expectativa de vida completamente diferente do mundo público. Esperar das pessoas, que não têm a mínima noção do que é a *res publica*, a coisa pública, que se comportem de forma não violenta e argumentem racionalmente em assuntos de interesse não é realista nem razoável.

A violência, sendo instrumental por natureza, é racional na medida em que é eficaz em alcançar o fim que deve justificá-la. E, uma vez que quando agimos nunca sabemos com certeza as eventuais consequências do que estamos fazendo, a violência pode permanecer racional apenas se persegue objetivos de curto prazo. A violência não promove causas, nem a história nem a revolução, nem o progresso nem a reação; mas pode servir para dramatizar queixas e trazê-las à atenção pública. Como Conor Cruise O'Brien (em um debate sobre a legitimidade da violência no Teatro das Ideias) uma vez observou, citando William O'Brien, agricultor irlandês e agitador nacionalista do século XIX: às vezes "a violência é a única maneira de garantir que a moderação será ouvida". Exigir o impossível a fim de obter o possível não é sempre contraproducente. E, de fato, a violência, ao contrário do que seus profetas tentam nos dizer, é mais a arma da reforma que da revolução. A França não teria acolhido seu projeto de lei mais radical desde Napoleão para mudar seu antiquado sistema educacional se os estudantes franceses não tivessem se revoltado; se não fosse pelos tumultos da primavera, ninguém na

Universidade Columbia teria sonhado em aceitar reformas;[110] e é provavelmente muito verdadeiro que na Alemanha Ocidental a existência de "minorias dissidentes nem mesmo é notada, a não ser quando elas se engajam em provocações".[111] Sem dúvida, a "violência compensa", mas o problema é que ela compensa indiscriminadamente, tanto para "cursos de *soul*" e instrução em suaíli quanto para reformas genuínas. E, uma vez que as táticas da violência e da subversão apenas fazem sentido para objetivos de curto prazo, é até mais provável, como foi recentemente o caso nos Estados Unidos, que o poder estabelecido ceda a demandas absurdas e obviamente prejudiciais – como admitir estudantes sem as qualificações necessárias e instruí-los em assuntos inexistentes – caso tais "reformas" possam ser feitas com relativa facilidade do que a violência seja eficaz em relação ao objetivo relativamente de longo prazo de mudança estrutural.[112] Além disso, o perigo da violência, mesmo quando ela se move conscientemente dentro de uma estrutura não extremista de objetivos de curto prazo, será sempre que os meios sobrepujem o fim. Se os objetivos não são alcançados rapidamente, o resultado será não somente a derrota, mas a introdução da prática da violência em todo

110 "Em Columbia, antes da revolta do ano passado, por exemplo, um relato sobre a vida estudantil e outro sobre moradia para o corpo docente acumulavam poeira no escritório do presidente", como Fred Hechinger relatou no *The New York Times*, "The Week in Review", 4 de maio de 1969.

111 Rudi Dutschke, citado pela *Der Spiegel*, 10 de fevereiro de 1969, p. 27. Günter Grass, falando no mesmo sentido depois do ataque a Dutschke na primavera de 1968, também salienta a relação entre reformas e violência: "O movimento de protesto jovem evidenciou a fragilidade de nossa democracia insuficientemente estabelecida. Nisso tem sido bem-sucedido, mas ninguém sabe com certeza para onde esse sucesso levará; ou provocará reformas há muito atrasadas [...] ou [...] a incerteza agora revelada proverá falsos profetas com mercados promissores e publicidade gratuita". Ver "Violence Rehabilitated", in *Speak Out!*, Nova York, 1969.

112 Outra questão, que não cabe discutir aqui, é até que ponto todo o sistema universitário ainda é capaz de se autorreformar. Não acho que existe uma resposta geral. Embora a revolta estudantil seja um fenômeno global, os próprios sistemas universitários não são uniformes e variam não só de país para país, mas frequentemente de instituição para instituição; todas as soluções para o problema devem surgir de, e corresponder a, condições estritamente locais. Assim, em alguns países a crise das universidades pode se ampliar até se tornar uma crise de governo – como a *Der Spiegel* (23 de junho de 1969) acreditava ser possível na situação alemã.

o corpo político. A ação é irreversível, e um retorno ao *status quo* em caso de derrota é sempre improvável. A prática da violência, como toda ação, muda o mundo, mas a mudança mais provável é para um mundo mais violento.

Finalmente, para voltar à anterior denúncia do sistema como tal por Sorel e Pareto, quanto maior a burocratização da vida pública, maior será a atração da violência. Em uma burocracia plenamente desenvolvida, não sobra ninguém com quem se possa argumentar, a quem se possa apresentar queixas, sobre quem as pressões do poder possam ser exercidas. A burocracia é a forma de governo na qual todos são privados de liberdade política, do poder para agir; pois o domínio de Ninguém não é um não domínio, e onde todos são igualmente impotentes temos uma tirania sem um tirano. A característica crucial das rebeliões estudantis ao redor do mundo é que em todos os lugares elas estão direcionadas contra a burocracia dominante. Isso explica o que à primeira vista parece tão perturbador: que as rebeliões no Leste demandam precisamente aquelas liberdades de expressão e pensamento que os jovens rebeldes do Ocidente dizem desprezar por sua irrelevância. No nível das ideologias, a coisa toda é confusa; é muito menos confusa se começamos pelo fato óbvio de que as enormes máquinas partidárias têm sido bem-sucedidas em todos os lugares em sobrepujar a voz dos cidadãos, mesmo nos países onde a liberdade de expressão e de associação ainda está intacta. Os dissidentes e resistentes no Leste exigem liberdade de expressão e de pensamento como condições preliminares para a ação política; os rebeldes no Ocidente vivem sob condições nas quais essas preliminares não mais abrem os canais para a ação, para o exercício significativo da liberdade. O que importa para eles é, de fato, "*Praxisentzug*", a suspensão da ação, como Jens Litten, um estudante alemão, apropriadamente a chamou.[113] A transformação do governo em administração, ou de repúblicas em burocracias, e o desastroso encolhimento do âmbito público que a acompanhou têm uma longa e complicada história ao longo da era moderna; e esse processo tem sido consideravelmente acelerado durante os últimos cem anos pela ascensão das burocracias partidárias. (Setenta anos atrás, Pareto reconheceu que "a liberdade [...] pela qual eu quero

---

113 Ver Apêndice XVIII, p. 163.

dizer o poder de agir, encolhe todo dia, a não ser para os criminosos, nos assim chamados países livres e democráticos".)[114] O que faz do ser humano um ser político é sua faculdade de ação; ela o habilita a se unir aos seus pares, a agir em concerto e a alcançar metas e empreendimentos que nunca lhe passariam pela cabeça, muito menos pelos desejos de seu coração, se não tivesse recebido este dom: começar algo novo. Filosoficamente falando, agir é a resposta humana para a condição da natalidade. Uma vez que todos nós chegamos ao mundo em virtude do nascimento, como recém-chegados e iniciadores, somos capazes de começar algo novo; sem o fato do nascimento nem mesmo saberíamos o que é a novidade, toda "ação" seria ou mero comportamento ou preservação. Nenhuma outra faculdade, exceto a linguagem – nem a razão nem a consciência –, nos distingue tão radicalmente de todas as outras espécies animais. Agir e começar não são a mesma coisa, mas estão intimamente interligados.

Nenhuma das propriedades da criatividade é expressa adequadamente em metáforas extraídas do processo vital. Gerar e dar à luz não são mais criativos do que o morrer é aniquilante; são apenas diferentes fases do mesmo ciclo, sempre recorrente, no qual todas as coisas vivas são mantidas como se estivessem encantadas. Nem a violência nem o poder são fenômenos naturais, isto é, uma manifestação do processo vital; eles pertencem ao âmbito político dos assuntos humanos, cuja qualidade essencialmente humana é garantida pela faculdade de ação dos seres humanos, a capacidade de começar algo novo. E penso que pode ser demonstrado que nenhuma outra capacidade humana tem sofrido tanto com o progresso da era moderna, pois o progresso, como viemos a compreendê-lo, significa crescimento, o processo implacável de mais e mais, de maior e maior. Quanto maior um país se torna em termos de população, de objetos e de posses, maior será a necessidade de administração, e, com ela, o poder anônimo dos administradores. Pavel Kohout, um autor tcheco, escrevendo no auge do experimento da Tchecoslováquia com a liberdade, definiu o "cidadão livre" como um "cidadão-cogovernante". Ele estava falando nada mais nada menos do que de "democracia participativa", da qual temos ouvido falar tanto nos

114 Pareto, citado de Finer, op. cit.

anos recentes no Ocidente. Kohout acrescentou que o que o mundo mais precisa hoje pode muito bem ser "um novo exemplo", se quisermos evitar que "os próximos mil anos se tornem uma era de macacos supercivilizados" – ou pior, do "ser humano transformado em galinha ou rato", governado por uma "elite" que deve seu poder "aos sábios conselhos de [...] assistentes intelectuais" que realmente acreditam que os integrantes dos *think tanks* são pensadores e que computadores podem pensar; "os conselhos podem se revelar incrivelmente insidiosos e, em vez de perseguirem objetivos humanos, podem perseguir problemas completamente abstratos que foram transformados de maneira imprevista em cérebro artificial".[115]

Esse novo exemplo dificilmente será estabelecido pela prática da violência, embora eu esteja inclinada a pensar que muito da atual glorificação da violência é causado pela severa frustração da faculdade da ação no mundo moderno. É simplesmente verdadeiro que os tumultos nos guetos e as rebeliões nos *campi* fazem "as pessoas sentirem que estão agindo juntas de um modo que raramente conseguem".[116] Não sabemos se essas ocorrências são o começo de algo novo – o "novo exemplo" – ou os últimos suspiros de uma capacidade que a humanidade está prestes a perder. Como as coisas estão hoje, quando vemos as superpotências atoladas sob o peso monstruoso de seus próprios tamanhos, parece que o estabelecimento de um "novo exemplo" terá uma chance, se tanto, em um país pequeno, ou em pequenos setores bem definidos nas sociedades de massa das grandes potências.

Os processos de desintegração que têm se tornado tão manifestos nos anos recentes – o declínio dos serviços públicos: escolas, polícia, correio, coleta de lixo, transporte etc.; a taxa de mortalidade nas estradas e os problemas de tráfego nas cidades; a poluição do ar e da água – são os resultados automáticos das necessidades das sociedades de massa que têm se tornado incontroláveis. Elas são acompanhadas, e muitas vezes aceleradas, pelo declínio simultâneo dos vários sistemas de partidos,

---

115 Ver Günter Grass e Pavel Kohout, *Briefe uber die Grenze*, Hamburgo, 1968, p. 88 e 90, respectivamente, e Andrei D. Sakharov, op. cit.

116 Herbert J. Gans, "The Ghetto Rebellions and Urban Class Conflict", in *Urban Riots*, op. cit.

todos de origem mais ou menos recente e planejados para servir às necessidades políticas das massas populacionais – no Ocidente, tornar possível o governo representativo quando a democracia direta não dava mais conta, porque "não há lugar para todos na sala" (John Selden), e, no Leste, tornar mais eficaz o domínio absoluto sobre vastos territórios. A grandeza é afligida pela vulnerabilidade; as rachaduras na estrutura de poder de todos os países, exceto os pequenos, estão se abrindo e se alargando. E, embora não se possa dizer com segurança onde e quando o ponto de ruptura foi alcançado, podemos observar, quase medir, como o vigor e a resiliência são insidiosamente destruídos, vazando, por assim dizer, gota a gota de nossas instituições.

Além disso, há o recente surgimento de um tipo novo e curioso de nacionalismo, geralmente compreendido como uma virada para a direita, mas mais provavelmente indicativo de um crescente ressentimento mundial contra a "grandeza" como tal. Enquanto os sentimentos nacionais tendiam anteriormente a unir vários grupos étnicos ao focalizar seus sentimentos políticos na nação como um todo, agora assistimos a como um "nacionalismo" étnico começa a ameaçar com a dissolução os mais antigos e mais bem estabelecidos Estados-nações. Os escoceses e os galeses, os bretões e os provençais, grupos étnicos cuja assimilação bem-sucedida tinha sido o pré-requisito para o surgimento do Estado-nação, e tinha parecido completamente assegurada, estão se voltando para o separatismo em rebelião contra os governos centralizados de Londres e Paris. E, justamente quando a centralização, sob o impacto da grandeza, acabou se mostrando contraproducente em seus próprios termos, os Estados Unidos, fundados, de acordo com o princípio federativo, na divisão de poderes e poderosos enquanto essa divisão foi respeitada, lançaram-se precipitadamente, com o aplauso unânime de todas as forças "progressistas", no novo experimento, para este país, da administração centralizada – o governo federal subjugando os poderes dos estados e o poder Executivo corroendo os poderes do Congresso.[117] É como se esta mais bem-sucedida colônia europeia desejasse compartilhar o destino das metrópoles em seu declínio, repetindo apressadamente os mesmos erros que os criadores da Constituição tinham agido para corrigir e eliminar.

117 Ver o importante artigo de Henry Steele Commager, nota de rodapé 74.

Quaisquer que sejam as vantagens e desvantagens administrativas da centralização, seu resultado político é sempre o mesmo: a monopolização do poder causa o ressecamento ou o esgotamento de todas as fontes de poder autênticas no país. Nos Estados Unidos, baseados em uma grande pluralidade de poderes e em seus freios e contrapesos mútuos, somos confrontados não meramente com a desintegração das estruturas de poder, mas com o poder, aparentemente ainda intacto e livre para se manifestar, perdendo sua firmeza e se tornando ineficaz. Falar em impotência do poder não é mais um paradoxo espirituoso. A cruzada do senador Eugene McCarthy em 1968 para "testar o sistema" trouxe à luz o ressentimento popular contra as aventuras imperialistas, proporcionou a ligação entre a oposição no Senado e a das ruas, impôs pelo menos temporariamente uma mudança espetacular na política e demonstrou quão rapidamente a maioria dos jovens rebeldes podia se desalienar, agarrando esta primeira oportunidade não de abolir o sistema, mas de fazê-lo funcionar novamente. E, no entanto, todo esse poder poderia ser esmagado pela burocracia do partido, que, ao contrário de todas as tradições, preferiu perder a eleição presidencial com um candidato impopular, que por acaso era um *apparatchik*. (Algo parecido aconteceu quando Rockefeller perdeu a nomeação para Nixon na convenção republicana.)

Há outros exemplos para demonstrar as curiosas contradições inerentes à impotência do poder. Por causa da enorme eficácia do trabalho em equipe nas ciências, que é talvez a excepcional contribuição norte-americana à ciência moderna, podemos controlar os processos mais complicados com uma precisão que torna as viagens à Lua menos perigosas do que simples excursões de final de semana. Mas a supostamente "maior potência da Terra" é incapaz de terminar uma guerra, claramente desastrosa para todos os envolvidos, em um dos menores países do planeta. É como se tivéssemos caído sob o encantamento de uma terra de fadas que nos permite fazer o "impossível" com a condição de perdermos a capacidade de fazer o possível, atingir façanhas fantasticamente extraordinárias com a condição de não sermos mais capazes de atender devidamente às nossas necessidades diárias. Se o poder tem algo a ver com o *queremos*-e-podemos, distinto do mero nós-podemos, então temos que admitir que nosso poder se tornou impotente. Os progressos feitos pela ciência nada têm a ver com o eu-quero; seguem suas próprias leis inexoráveis, obrigando-nos a fazer o que quer que possamos, sem considerar as consequências. Teriam o eu-quero e o eu-posso se separado? Estaria Valéry certo quando disse há cinquenta anos: "*On peut dire que tout ce que nous savons, c'est-à-dire tout ce que nous pouvons, a fini par s'opposer à ce que nous sommes*"? ("Pode-se dizer que tudo o que sabemos, isto é, tudo o que podemos, acabou por se opor ao que somos.")

Outra vez, não sabemos aonde esses desenvolvimentos nos levarão, mas sabemos, ou deveríamos saber, que toda diminuição de poder é um convite aberto à violência – mesmo que seja apenas porque aqueles que detêm o poder e o sentem escorrendo pelas mãos, sejam eles os governantes, sejam eles os governados, sempre acharam difícil resistir à tentação de substituí-lo pela violência.

Apêndices

I, à página 92, nota 16

O professor B. C. Parekh, da Universidade Hull, na Inglaterra, gentilmente chamou minha atenção para a seguinte passagem da seção sobre Feuerbach de *A ideologia alemã* (1846), de Marx e Engels, a respeito da qual Engels mais tarde escreveu: "A parte terminada [...] apenas prova quão incompleto era naquela época nosso conhecimento da história econômica". "Tanto para a produção em uma escala de massa dessa consciência comunista quanto para o sucesso da própria causa, a alteração do ser humano [*des Menschen*] em uma escala de massa é necessária, uma alteração que só pode ocorrer em um movimento prático, uma *revolução*; essa revolução é necessária, portanto, não apenas porque a classe dominante não pode ser derrotada de outra forma, mas também porque a classe que a *derrotar* só em uma revolução poderá ser bem-sucedida em se livrar de toda a sujeira das eras e se tornar apta para fundar a sociedade de novo." (Citado da edição de R. Pascal, Nova York, 1960, p. xv e 69.) Mesmo nesses, digamos, enunciados pré-marxistas, a distinção entre as posições de Marx e de Sartre é evidente. Marx fala da "alteração do ser humano em uma escala de massa" e de uma "produção massiva de consciência", não da liberação de um indivíduo por um ato de violência isolado. (Para o texto alemão, ver Marx e Engels, *Gesamtausgabe*, 1932, I. Abteilung, vol. 5, p. 59 e seguintes.)

II, à página 92, nota 17

O afastamento inconsciente da Nova Esquerda em relação ao marxismo tem sido devidamente notado. Ver especialmente os comentários recentes sobre o movimento dos estudantes por Leonard Schapiro na *The New York Review of Books* (5 de dezembro de 1968) e por Raymond Aron em *La Révolution Introuvable*, Paris, 1968. Ambos consideram a nova ênfase na violência um tipo de retrocesso ou para o socialismo utópico pré-marxista (Aron) ou para o anarquismo soviético de Nechaev e Bakunin (Schapiro), que "tinha muito a dizer sobre a importância da violência como um fator de unidade, como a força de ligação em uma sociedade ou grupo, um século antes de as mesmas ideias emergirem nos trabalhos de Jean-Paul Sartre e Franz Fanon". Aron escreve na mesma linha: "*Les chantres de la révolution de mai croient dépasser le marxisme [...] ils oublient un siècle d'histoire*" (p. 14). [Os defensores da revolução de maio acreditam ultrapassar o marxismo [...] eles esquecem um século de história.] Para um não marxista, tal reversão dificilmente seria, claro, um argumento, mas para Sartre, que escreve, por exemplo: "*Un prétendu 'dépassement' du marxisme ne sera au pis qu'un retour au prémarxisme, au mieux que la redécouverte d'une pensée déjà contenue dans la philosophie qu'on a cru dépasser*" [Uma pretensa "ultrapassagem" do marxismo será, na pior das hipóteses, apenas um retorno ao pré-marxismo, e na melhor, a redescoberta de um pensamento já contido na filosofia que acreditávamos ter superado] ("Question de Méthode" in *Critique de la raison dialectique*, Paris, 1960, p. 17), isso deve constituir uma objeção formidável. (Que Sartre e Aron, embora oponentes políticos, estejam em total acordo nesse ponto é notável. Isso mostra quanto o conceito de história de Hegel domina simultaneamente o pensamento de marxistas e não marxistas.)

O próprio Sartre, em sua *Crítica da razão dialética*, dá um tipo de explicação hegeliana para sua adesão à violência. Seu ponto de partida é que "necessidade e escassez determinaram a base maniqueísta da ação e da moral" na história atual, "cuja verdade está baseada na escassez [e] deve manifestar-se em uma reciprocidade antagônica entre classes". A agressão é a consequência da necessidade em um mundo no qual "não há o suficiente para todos". Sob tais circunstâncias, a violência não é mais um fenômeno marginal. "A violência e a contraviolência são talvez contingências, mas elas são necessidades contingentes, e a consequência imperativa de qualquer tentativa de destruir essa desumanidade é que, ao destruir no adversário a desumanidade do anti-humano, posso apenas destruir nele a humanidade do ser humano e perceber em mim essa desumanidade. Se eu mato, torturo, escravizo... meu objetivo é suprimir sua liberdade – essa é uma força alheia, *de trop*." Seu modelo para uma condição na qual "cada um é um demais [...] Cada um é *redundante* para o outro" é uma fila de ônibus, cujos membros obviamente "não prestam atenção um no outro, exceto como um número em uma série quantitativa". Ele conclui: "Eles negam reciprocamente qualquer vínculo entre cada um de seus mundos interiores". Disso se segue que a práxis "é a negação da alteridade, que é ela própria uma negação" – uma conclusão muito bem-vinda, já que a negação de uma negação é uma afirmação.

A falha no argumento me parece óbvia. Há toda a diferença do mundo entre "não prestar atenção" e "negar", entre "negar qualquer vínculo" com alguém e "negar" sua alteridade; e para uma pessoa sã há ainda uma distância considerável a percorrer entre essa "negação" teórica e matar, torturar e escravizar.

A maior parte das citações acima foi tirada de R. D. Laing e D. G. Cooper, *Reason and Violence. A Decade of Sartre's Philosophy, 1950-1960*, Londres, 1964, Parte três. Isso parece legítimo, pois Sartre diz no prefácio: "*J'ai lu attentivement l'ouvrage que vous avez bien voulu me confier et j'ai eu le grand plaisir d'y trouver un exposé très clair et très fidèle de ma pensée*". [Li atentamente a obra que me enviaram e tive o grande prazer de encontrar aí uma exposição muito clara e muito fiel de meu pensamento.]

III, à página 94, nota 20

Eles são de fato um grupo diverso. Estudantes radicais se congregam facilmente com desajustados, hippies, viciados em drogas e psicopatas.

A situação é mais complicada pela insensibilidade dos poderes estabelecidos para com as muitas distinções sutis entre crime e irregularidade, distinções que são de grande importância. Manifestações pacíficas e ocupações de edifícios não são o mesmo que incêndios provocados e revolta armada, e a diferença não é apenas de grau. (Ao contrário da opinião de um membro do Conselho de Curadores de Harvard, a ocupação de um edifício da universidade pelos estudantes não é a mesma coisa que a invasão de uma filial do First National City Bank por uma gangue de rua, pela simples razão de que os estudantes invadem uma propriedade cujo uso está certamente sujeito a regras, mas à qual eles pertencem e que pertence a eles tanto quanto aos professores e à administração.) Ainda mais alarmante é a inclinação dos professores, assim como da administração, para tratar viciados em drogas e elementos criminosos (no City College em Nova York e na Universidade Cornell) com consideravelmente mais indulgência do que tratam os autênticos rebeldes.

Helmut Schelsky, o cientista social alemão, descreveu já em 1961 (em *Der Mensch in der wissenschaftlichen Zivilisation*, Koln und Opladen, 1961) a possibilidade de um "niilismo metafísico", pelo qual queria dizer uma radical negação social e espiritual de "todo o processo de reprodução técnico-científica do ser humano", isto é, o não dito ao "mundo emergente de uma civilização científica". Chamar essa atitude de "niilista" pressupõe uma aceitação do mundo moderno como o único mundo possível. O desafio dos jovens rebeldes diz respeito precisamente a esse ponto. Há de fato muito sentido em virar as mesas e afirmar, como Sheldon Wolin e John Schaar fizeram em op. cit.: "O grande perigo agora é que o estabelecido e o respeitável [...] parecem preparados para seguir a negação mais profundamente niilista possível, que é a negação do futuro mediante a negação de seus próprios filhos, os portadores do futuro".

Nathan Glazer, no artigo "Student Power at Berkeley", edição especial *The Universities* de *The Public Interest*, outono de 1968, escreve: "Os estudantes radicais [...] lembram-me mais os destruidores de máquinas luddistas do que os operários socialistas sindicalizados que conseguiram a cidadania e o poder para os trabalhadores", e ele conclui, a partir dessa impressão, que Zbigniew Brzezinski (em um artigo sobre Columbia em *The New Republic*, 1º de junho de 1968) pode estar certo em seu diagnóstico: "Muito frequentemente, revoluções são os últimos espasmos do passado, e portanto não são realmente revoluções, mas contrarrevoluções, operando em nome das revoluções". Não é bastante estranho esse viés a favor de marchar em frente a qualquer preço em dois autores que são geralmente considerados conservadores? E não é ainda mais estranho que Glazer não tenha percebido as diferenças decisivas entre o maquinário de manufatura do início do século XIX na Inglaterra e o equipamento desenvolvido em meados do século XX, que acabou se revelando destrutivo mesmo quando parecia ser bastante benéfico – a descoberta da energia nuclear, da automação, de uma medicina cujos poderes curativos têm levado à superpopulação, que por sua vez quase certamente levará à fome em massa, à poluição do ar etc.?

IV, à página 95, nota 23

Buscar precedentes e analogias onde não há nenhum, evitar relatar e refletir sobre o que está sendo feito e o que está sendo dito em termos dos próprios eventos, sob o pretexto de que devemos aprender as lições do passado, particularmente da época entre as duas guerras mundiais, tem se tornado característico de muitas discussões hoje em dia. Totalmente livre dessa forma de escapismo é o esplêndido e sábio relato de Stephen Spender sobre o movimento estudantil, citado acima. Ele é um dos poucos de sua geração a estar completamente vivo para o presente *e* a se lembrar de sua própria juventude bem o bastante para estar consciente das diferenças de humor, estilo, pensamento e ação. ("Os estudantes de hoje são totalmente diferentes dos de Oxbridge, Harvard, Princeton ou Heidelberg quarenta anos atrás", p. 165.) Mas a atitude de Spender é compartilhada por todos aqueles que, não importa de que geração, estão verdadeiramente preocupados com o futuro do mundo e do ser humano, distintamente daqueles que jogam com isso. (Wolin e Schaar, op. cit., falam do "renascimento de um sentido de destino compartilhado" como uma ponte entre as gerações, de "nossos medos em comum de que as armas científicas possam destruir toda a vida, de que a tecnologia desfigure crescentemente quem vive nas cidades, assim como já degradou a Terra e obscureceu o céu", de que "o 'progresso' da indústria destrua a possibilidade do trabalho interessante; e de que as 'comunicações' apaguem os últimos traços das variadas culturas que têm sido a herança de todas as sociedades, exceto as mais ignorantes".) Parece natural que isso deva ser mais frequentemente verdadeiro para físicos e biólogos do que para membros das ciências sociais, embora os estudantes dessas duas primeiras faculdades tenham sido mais lentos em levantar-se em rebelião do que seus colegas das humanidades. Assim, Adolf Portmann, o famoso biólogo suíço, vê a lacuna entre as gerações como tendo pouco a ver, se é que tem a ver, com um conflito entre Jovem e Velho; ela coincide com o surgimento da ciência nuclear; "a situação mundial resultante é totalmente nova [...] [ela] não pode ser comparada nem mesmo à revolução mais poderosa do passado". (Em um panfleto intitulado *Manipulation des Menschen als Schicksal und Bedrohung*, Zurique, 1969.) E o ganhador do Prêmio Nobel George Wald, de Harvard, em seu famoso discurso no MIT em 4 de março de 1969, corretamente destacou que tais professores compreendem "as razões para o desconforto de [seus estudantes] melhor do que eles mesmos", e, o que é mais importante, que eles "o compartilham", op. cit.

V, à página 95, nota 25

A atual politização das universidades, corretamente deplorada, é geralmente atribuída aos estudantes rebeldes, que são acusados de atacar as universidades porque elas constituem o elo mais fraco na cadeia do poder estabelecido. É perfeitamente verdadeiro que as universidades não serão capazes de sobreviver se "o desprendimento intelectual e a busca desinteressada pela verdade" chegarem ao fim; e, o que é pior, é improvável que uma sociedade civilizada de qualquer tipo será capaz de sobreviver ao desaparecimento dessas curiosas instituições cuja principal função social e política está precisamente em sua imparcialidade e independência da pressão social e do poder político. O poder e a verdade, ambos perfeitamente legítimos por si mesmos, são fenômenos essencialmente distintos, e sua busca resulta em modos de vida existencialmente diferentes. Zbigniew Brzezinski, em "America in the Technotronic Age" (*Encounter*, janeiro de 1968), vê esse perigo, mas está ou resignado, ou pelo menos não excessivamente alarmado com a perspectiva. A tecnotrônica, ele acredita, vai inaugurar uma nova "'supercultura'" sob a condução dos novos "intelectuais orientados para as organizações e de mentalidade aplicada". (Ver especialmente a recente análise crítica de Noam Chomsky "Objectivity and Liberal Scholarship" in op. cit.) Bem, é muito mais provável que essa nova casta de intelectuais, anteriormente conhecidos como tecnocratas, inaugure uma era de tirania e de absoluta esterilidade.

Seja como for, o ponto é que a politização das universidades pelo movimento estudantil foi precedida pela politização das universidades pelos poderes estabelecidos. Os fatos são muito bem conhecidos para necessitarem de ênfase, mas é bom ter em mente que não se trata de mera questão de pesquisa militar. Henry Steele Commager recentemente denunciou "a universidade como Agência de Empregos" (*The New Republic*, 24 de fevereiro de 1968). De fato, "por nenhum esforço de imaginação se pode alegar que a Dow Chemical Company, a Marinha ou a CIA sejam empreendimentos educacionais" ou instituições cuja meta é a busca pela verdade. E o prefeito John Lindsay levantou a questão do direito da universidade de chamar "a si mesma uma instituição especial, divorciada das buscas mundanas, enquanto se envolve na especulação imobiliária e ajuda a planejar e avaliar projetos para os militares no Vietnã" (*The New York Times*, "The Week in Review", 4 de maio de 1969). Alegar que a universidade é "o cérebro da sociedade" ou da estrutura de poder é uma bobagem perigosa e arrogante – mesmo porque a sociedade não é um "corpo", muito menos um corpo sem cérebro.

Para evitar mal-entendidos: concordo plenamente com Stephen Spender que seria tolice os estudantes destruírem as universidades (embora eles sejam os únicos capazes de fazê-lo com eficácia, pela simples razão de que têm os números necessários, e, portanto, o poder real, do seu lado), uma vez que os *campi* constituem não apenas sua base real, mas também a única possível. "Sem a universidade, não haveria estudantes" (p. 22). Mas as universidades permanecerão sendo uma base para os estudantes apenas enquanto elas fornecerem o único lugar na sociedade em que o poder não tem a última palavra – não obstante todas as perversões e hipocrisias em sentido contrário. Na presente situação, há o perigo de que ou os estudantes ou, como no caso de Berkeley, os poderes constituídos percam a cabeça; se isso acontecer, os jovens rebeldes terão simplesmente tramado mais uma fileira no que foi apropriadamente chamado "o padrão do desastre" (professor Richard A. Falk, de Princeton).

VI, à página 97, nota 30

Fred M. Hechinger, no artigo "Campus Crisis", no *The New York Times*, "The Week in Review" (4 de maio de 1969), escreve: "Como as demandas dos estudantes negros em especial são usualmente justificadas em substância [...] a reação é geralmente simpática". Parece característico das atitudes atuais nessas questões que o "Manifesto às Igrejas Cristãs dos Brancos e às Sinagogas Judaicas nos Estados Unidos e todas as outras Instituições Racistas", de James Forman, embora publicamente lido e distribuído, sendo desse modo certamente "notícia apta à publicação", tenha permanecido inédito até a *The New York Review of Books* (10 de julho de 1969) publicá-lo sem a Introdução. Seu conteúdo, decerto, é uma fantasia semiletrada e não pode ser levado a sério. Mas ele é mais que uma piada, e não é segredo que hoje a comunidade negra entrega-se melancolicamente a tais fantasias. É compreensível que as autoridades estejam assustadas. O que não pode ser compreendido nem tolerado é a sua falta de imaginação. Não é óbvio que o sr. Forman e seus seguidores, se não encontrarem oposição na comunidade em geral e até mesmo receberem um pouco de dinheiro apaziguador, serão forçados a tentar executar um programa no qual eles próprios talvez nunca tenham acreditado?

VII, à página 97, nota 31

Em uma carta para o *The New York Times* (de 9 de abril de 1969), Lynd menciona apenas "ações perturbadoras não violentas tais como greves e ocupações", ignorando para seus propósitos os distúrbios violentos e tumultuosos da classe trabalhadora nos anos 1920, e levanta a questão de por que essas táticas "aceitas para uma geração nas relações trabalhistas [...] são rejeitadas quando praticadas em um *campus*? [...] quando um sindicalista é demitido de sua posição na fábrica, seus associados cruzam os braços até a queixa ser resolvida". Parece que Lynd aceitou uma imagem da universidade, que infelizmente não é rara entre curadores e administradores, segundo a qual o *campus* é propriedade do conselho curador, que contrata a administração para gerir sua propriedade, que, por sua vez, contrata os professores como empregados para servir aos seus clientes, os estudantes. Não há realidade que corresponda a essa "imagem". Não importa quão agudas possam se tornar as disputas no mundo acadêmico, eles não são uma questão de interesses conflitantes e de guerra de classes.

VIII, à página 97, nota 32

Bayard Rustin, o líder negro do movimento pelos direitos civis, disse tudo o que precisava ser dito sobre a questão: os funcionários da faculdade deveriam "parar de capitular diante das demandas estúpidas dos estudantes negros"; está errado se o "sentimento de culpa e masoquismo [de um grupo] permite que outro segmento da sociedade empunhe armas em nome da justiça"; os estudantes negros estavam "sofrendo com o choque da integração" e procurando "uma saída fácil para seus problemas"; o que os estudantes negros precisam é de "treino emergencial" para que "possam fazer matemática e escrever uma frase correta", não "cursos de *soul*". (Citado do *The Daily News*, 28 de abril de 1969.) Que reflexo do estado moral e intelectual da sociedade tanta coragem ter sido necessária para falar com bom senso sobre esses assuntos! Ainda mais assustadora é a perspectiva muito provável de que, em aproximadamente cinco ou dez anos, essa "educação" em suaíli (um tipo de não língua do século XIX falada em caravanas árabes de marfim e escravizados, uma mistura híbrida de um dialeto banto com um enorme vocabulário emprestado do árabe; ver a *Enciclopédia Britânica*, 1961), literatura africana e outros temas inexistentes serão interpretados como mais uma armadilha dos brancos para impedir os negros de ter uma educação adequada.

IX, à página 99, nota 36

O "Manifesto" de James Forman (adotado pela Conferência Nacional para o Desenvolvimento Econômico Negro), que mencionei antes e que ele apresentou às igrejas e sinagogas como "apenas o início das reparações devidas a nós enquanto povo que tem sido explorado e degradado, brutalizado, assassinado e perseguido", constitui um exemplo clássico de tais sonhos vãos. De acordo com ele, "segue-se das leis da revolução que os mais oprimidos farão a revolução", cujo objetivo último é que "devemos assumir a liderança, o controle total [...] dentro dos Estados Unidos de tudo que existe. Passou o tempo em que estávamos em segundo no comando e o menino branco no topo". A fim de atingir essa inversão, será preciso "usar quaisquer meios necessários, incluindo o uso da força e o poder das armas para derrubar o colonizador". E, enquanto ele, em nome da comunidade (que, claro, não o apoia de jeito nenhum), "declara guerra", recusa-se a "compartilhar o poder com os brancos" e exige que "as pessoas brancas deste país [...] estejam dispostas a aceitar a liderança negra", ao mesmo tempo ele clama "a todos os cristãos e judeus que pratiquem a paciência, a tolerância, a compreensão e a não violência" durante o período que ainda possa levar – "não tem importância se acontecer em mil anos" – para tomar o poder.

X, à página 101, nota 40

Jürgen Habermas, um dos mais ponderados e inteligentes cientistas sociais da Alemanha, é um bom exemplo das dificuldades que esses marxistas ou ex-marxistas encontram em se separar de qualquer parte do trabalho do mestre. Em seu recente *Technik und Wissenschaft als "Ideologie"* (Frankfurt, 1968), ele menciona diversas vezes que certas "categorias-chave da teoria de Marx, a saber, luta de classes e ideologia, não podem mais ser aplicadas sem dificuldade (*umstandlos*)". Uma comparação com o ensaio de Andrei D. Sakharov, citado acima, mostra como é mais fácil para aqueles que observam o "capitalismo" da perspectiva dos desastrosos experimentos do Leste descartar teorias e slogans desgastados.

XI, à página 111, nota 62

As sanções das leis, que, contudo, não são sua essência, direcionam-se contra aqueles cidadãos que – sem recusar seu apoio – desejam abrir uma exceção para si mesmos; o ladrão não deixa de esperar que o governo proteja sua propriedade recém-adquirida. Foi notado que nos primeiros sistemas legais não havia quaisquer sanções. (Ver Jouvenel, op.

cit., p. 276.) A punição do infrator era o banimento ou se tornar um fora da lei; ao violar a lei, o criminoso se colocava fora da comunidade constituída por ela.

Passerin d'Entrèves (op. cit., p. 128 e seguintes), levando em consideração "a complexidade da lei, mesmo da lei do Estado", apontou que "há de fato leis que são 'diretivas' em vez de 'imperativas', que são 'aceitas' em vez de 'impostas' e cujas 'sanções' não consistem necessariamente no uso possível da força por parte de um 'soberano'". Ele equiparou tais leis às "leis de um jogo, ou as do meu clube, ou as da Igreja". Eu obedeço a elas "porque para mim, ao contrário de outros de meus concidadãos, essas regras são regras 'válidas'".

Penso que a comparação de Passerin d'Entrèves da lei com as "regras válidas do jogo" pode ser levada ainda mais longe. Pois o ponto dessas regras não é que eu me submeto a elas voluntariamente ou reconheço teoricamente sua validade, mas que na prática não posso entrar no jogo a menos que eu obedeça; meu motivo para a aceitação é meu desejo de jogar, e, uma vez que os seres humanos existem apenas no plural, meu desejo de jogar é idêntico ao meu desejo de viver. Todo ser humano nasce em uma comunidade com leis preexistentes a que ele "obedece" antes de mais nada porque não há outro modo de ele entrar no grande jogo do mundo. Posso desejar mudar as regras do jogo, como quer o revolucionário, ou abrir uma exceção para mim mesmo, como os criminosos fazem; mas negá-las em princípio não significa mera "desobediência", e sim a recusa de entrar na comunidade humana. O dilema comum – ou a lei é absolutamente válida e, portanto, para sua legitimidade, necessita de um legislador imortal e divino, ou a lei é simplesmente um comando sem nada por trás além do monopólio da violência pelo Estado – é uma ilusão. Todas as leis são "'diretivas' em vez de 'imperativas'". Elas dirigem as relações humanas como as regras dirigem o jogo. E a garantia final de sua validade está contida na velha máxima romana *Pacta sunt servanda*.

XII, à página 119, nota 75

Há alguma controvérsia sobre o propósito da visita de De Gaulle. A evidência dos próprios acontecimentos parece sugerir que o preço que ele teve de pagar pelo apoio do exército foi a reabilitação pública de seus inimigos: anistia para o general Salan, retorno de Bidault, retorno também do coronel Lacheroy, algumas vezes chamado de o "torturador da Argélia". Parece não se saber muito sobre as negociações. É tentador pensar que a recente reabilitação de Pétain, outra vez glorificado como o "vencedor de Verdun", e, mais importante, a incrível e descaradamente mentirosa afirmação de De Gaulle, logo após seu retorno, culpando o Partido Comunista pelo que a França agora chama *les événements*, foram parte da barganha. Deus sabe que a única acusação que o governo poderia ter dirigido ao Partido Comunista e aos sindicatos seria a de que eles não tiveram o poder de evitar *les événements*.

XIII, à página 123, nota 78

Seria interessante saber se, e em que medida, a taxa alarmante de crimes não resolvidos é equiparada não apenas ao crescimento espetacular das infrações criminosas, mas também a um nítido aumento da brutalidade policial. O recentemente publicado *Uniform Crime Report for the United States*, de J. Edgar Hoover (Federal Bureau of Investigation, FBI, Departamento de Justiça dos Estados Unidos, 1967), não dá indicações sobre quantos crimes são realmente resolvidos – e não "esclarecidos por detenção" –, mas menciona no Resumo que soluções policiais de crimes sérios caíram 8% em 1967. Apenas 21,7% (ou 21,9%) de todos os crimes são "esclarecidos por detenção", e desses apenas 75% puderam ser levados aos tribunais, onde apenas cerca de 60% dos indiciados foram considerados culpados! Assim, as chances em favor do criminoso são tão altas que o crescimento constante das infrações criminosas parece até natural. Quaisquer que sejam as causas para o espetacular declínio da eficiência da polícia, o declínio do poder da polícia é evidente, e com ele a probabilidade de brutalidade aumenta. Os estudantes e outros manifestantes são presas fáceis para uma polícia que se acostumou a quase nunca pegar um criminoso.

Uma comparação dessa situação com a de outros países é difícil, por causa dos diferentes métodos estatísticos empregados. Contudo, parece que, embora o crescimento de crimes não solucionados seja aparentemente um problema bastante generalizado, em nenhum lugar alcançou proporções tão alarmantes como nos Estados Unidos. Em Paris, por exemplo, a taxa de crimes resolvidos caiu de 62% em 1967 para 56% em 1968; na Alemanha, de 73,4% em 1954 para 52,2% em 1967; e, na Suécia, 41% dos crimes foram resolvidos em 1967. (Ver "Deutsche Polizei", in *Der Spiegel*, 7 de abril de 1967.)

XIV, à página 123, nota 79

Soljenítsin mostra em detalhes concretos como as tentativas de um desenvolvimento econômico racional foram destruídas pelos métodos de Stálin, e espera-se que esse livro ponha fim ao mito de que o terror e as enormes perdas em vidas humanas foram o preço que teve de ser pago pela rápida industrialização do país. Um progresso rápido foi alcançado depois da morte de Stálin, e o que é impressionante na Rússia de hoje é que o país ainda está atrasado em comparação não apenas com o Ocidente, mas também com a maioria dos países satélites. Na Rússia, não parece haver muita ilusão sobre esse ponto, se é que já houve alguma. A geração mais nova, especialmente os veteranos da Segunda Guerra Mundial, sabe muito bem que só um milagre salvou a Rússia da derrota em 1941, e que esse milagre foi o fato brutal de que o inimigo acabou sendo ainda pior que o governante nativo. O que então virou a balança foi que o terror policial diminuiu sob a pressão da emergência nacional; as pessoas, deixadas à própria sorte, podiam outra vez reunir-se e gerar poder suficiente para derrotar o invasor estrangeiro. Quando voltaram dos campos de prisioneiros de guerra ou dos postos de ocupação, foram prontamente enviadas para campos de trabalho e de concentração por longos anos, a fim de destruir nelas os hábitos da liberdade. É precisamente essa geração, que experimentou a liberdade durante a guerra e o terror depois, que está desafiando a tirania do regime atual.

XV, à página 131, nota 89

Ninguém em sã consciência pode acreditar – como certos grupos de estudantes alemães recentemente teorizaram – que apenas quando o governo tiver sido forçado a "praticar a violência abertamente" os rebeldes serão capazes de "lutar contra esta sociedade de merda (*Scheissgesellschaft*) com os meios adequados e destruí-la". (Citado em *Der Spiegel*, 10 de fevereiro de 1969, p. 30.) Essa nova versão linguisticamente (embora não intelectualmente) vulgarizada da velha bobagem comunista dos anos 1930, de que a vitória do fascismo era o melhor para seus opositores, ou é pura encenação, a variante "revolucionária" da hipocrisia, ou atesta a idiotia política dos "crentes". Exceto que há quarenta anos foi a política deliberadamente pró-Hitler de Stálin, e não apenas teorização estúpida, que estava por trás disso.

Com certeza, não há razão para estar particularmente surpreso com o fato de os estudantes alemães serem mais dados a teorizar e menos dotados para a ação política e para o julgamento do que seus colegas em outros países mais afortunados politicamente; nem com o fato de que "o isolamento de mentes inteligentes e vitais [...] na Alemanha" é mais pronunciado, a polarização mais desesperada do que em outros lugares, e seu impacto sobre o clima político de seu próprio país, exceto para fenômenos de reação, é quase zero. Eu também concordaria com Spender (ver "The Berlin Youth Model", in op. cit.) sobre o papel desempenhado nessa situação pelo passado ainda recente, de modo que os estudantes "ressentem-se não apenas de sua violência, mas porque são lembranças [...] elas também têm a aparência de fantasmas saídos de túmulos cobertos às pressas". E ainda assim, após isso tudo dito e detidamente levado em conta, permanece o estranho e inquietante fato de que nenhum dos novos grupos de esquerda na Alemanha, cuja oposição feroz a políticas nacionalistas ou imperialistas de outros países tem sido de um extremismo notório, preocupou-se seriamente com o reconhecimento da Linha Oder-Neisse, que, afinal, é a questão crucial da política externa alemã e a pedra de toque do nacionalismo alemão desde a derrota do regime de Hitler.

XVI, à página 137, nota 102

Daniel Bell é cautelosamente esperançoso porque está ciente de que o trabalho científico e técnico depende do "conhecimento teórico [que] é buscado, testado e codificado de modo desinteressado" (op. cit.). Talvez esse otimismo possa ser justificado, contanto que os cientistas e tecnólogos permaneçam desinteressados no poder e estejam preocupados apenas com o prestígio social, isto é, contanto que eles não dominem nem governem. O pessimismo de Noam Chomsky, "nem a história, nem a psicologia, nem a sociologia nos dá qualquer razão particular para olharmos para o futuro com esperança em relação ao domínio dos novos mandarins", pode ser excessivo; ainda não há precedentes históricos, e os cientistas e intelectuais que, com uma regularidade deplorável, encontram-se dispostos a servir a todo governo no poder não têm sido "meritocratas", mas, em vez disso, alpinistas sociais. Mas Chomsky está totalmente certo em levantar a questão: "De modo muito geral, quais são as bases para supor que aqueles que reivindicam o poder baseando-se no conhecimento e na técnica serão mais benignos em seu exercício de poder do que aqueles que se baseiam numa origem abastada e aristocrática? (Op. cit., p. 27.) E há toda a razão para levantar a questão complementar: quais são as bases para supor que o ressentimento contra uma meritocracia, cujo domínio é exclusivamente baseado em dons "naturais", isto é, no poder do cérebro, não será mais perigoso, mais violento do que o ressentimento de grupos oprimidos anteriores que ao menos tinham o consolo de que sua condição não tinha sido causada por nenhuma "culpa" deles próprios? Não é plausível assumir que esse ressentimento abrigará todos os traços assassinos de um antagonismo racial, enquanto distinto de meros conflitos de classe, na medida em que ele também envolverá dados naturais que não podem ser mudados, logo, uma condição da qual pode liberar a si próprio apenas pelo extermínio daqueles que porventura tenham um QI mais alto? E, uma vez que em tal constelação o poder numérico dos desfavorecidos será esmagador e a mobilidade social quase nula, não é provável que o perigo de demagogos, de líderes populares, será tão grande que a meritocracia será forçada a tiranias e despotismo?

XVII, à página 140, nota 109

Stewart Alsop, em uma coluna perspicaz, "The Wallace Man", na *Newsweek* de 21 de outubro de 1968, argumenta o seguinte: "Pode ser iliberal da parte do homem Wallace não querer mandar seus filhos a más escolas em nome da integração, mas de modo algum não é natural. E é natural tanto que ele se preocupe com os 'aborrecimentos' de sua mulher quanto com a perda de valor de sua casa, que é tudo o que ele tem!". Ele também cita a afirmação mais eficaz entre as demagogias de George Wallace: "Há 535 membros no Congresso, e muitos desses liberais também têm filhos. Você sabe quantos mandam seus filhos para escolas públicas em Washington? Seis".

Outro exemplo primoroso de políticas de integração mal planejadas foi recentemente publicado por Neil Maxwell em *The Wall Street Journal* (8 de agosto de 1968). O governo federal promove a integração escolar no Sul cortando verbas federais nos casos de flagrante desobediência. Em um desses casos, US$ 200.000 de ajuda anual foram retidos. "Desse total, US$ 175.000 iam diretamente para escolas de negros [...] Os brancos imediatamente aumentaram os impostos para repor os outros US$ 25.000." Em suma, o que era para ajudar a educação dos negros na verdade tem um "impacto esmagador" no sistema escolar existente dos negros e nenhum impacto nas escolas dos brancos.

XVIII, à página 143, nota 113

No clima sombrio da fala ideológica e ambígua do debate dos estudantes ocidentais, essas questões raramente têm uma chance de ser esclarecidas; de fato, "essa comunidade, tão radical na fala, sempre buscou e encontrou um escape", nas palavras de Günter Grass. Também é verdadeiro que isso é especialmente notável e irritante nos estudantes alemães e em outros membros da Nova Esquerda. "Eles não sabem de nada, mas sabem de tudo", como resumiu um jovem historiador de Praga, de acordo com Grass. Hans Magnus Enzensberger dá voz à atitude geral dos alemães; os tchecos sofrem de "um horizonte extremamente limitado. Sua substância política é escassa". (Ver Günter Grass, op. cit., p. 138-142.) Em contraste com essa mistura de estupidez e impertinência, a atmosfera entre os rebeldes do Leste é revigorante, apesar de estremecermos ao pensar no preço exorbitante que tem sido pago por ela. Jan Kavan, um líder estudantil tcheco, escreve: "Meus amigos da Europa Ocidental muitas vezes me disseram que estamos lutando apenas por liberdades democrático-burguesas. Mas, seja como for, eu não consigo distinguir entre liberdades capitalistas e liberdades socialistas. O que reconheço são liberdades humanas básicas". (*Ramparts*, setembro de

1968.) É seguro assumir que ele teria dificuldade similar com a distinção entre "violência progressista e repressiva". Contudo, seria errado concluir, como frequentemente se faz, que as pessoas nos países ocidentais não têm reclamações legítimas precisamente na questão da liberdade. Com certeza, é apenas natural "que a atitude dos tchecos em relação aos estudantes ocidentais seja bastante influenciada pela inveja" (citado de um jornal estudantil por Spender, op. cit., p. 72), mas também é verdadeiro que lhes faltam certas experiências menos brutais e, no entanto, muito decisivas em frustração política.

PENSAMENTOS SOBRE POLÍTICA E REVOLUÇÃO[1]

Um comentário

Reif: Em seu estudo *Sobre a violência*, em vários pontos você aborda a questão do revolucionário movimento estudantil[2] nos países do Ocidente. No final, contudo, uma coisa não fica clara: você considera o movimento de protesto estudantil em geral um processo historicamente positivo?

Arendt: Eu não sei o que você quer dizer com "positivo". Imagino que você queira saber se sou a favor ou contra o movimento. Bem, eu acolho algumas das metas do movimento, especialmente nos Estados Unidos, onde estou mais familiarizada com elas do que em outros lugares; em relação a outras mantenho uma atitude neutra, e algumas eu considero bobagens perigosas – por exemplo, politizar e "refuncionalizar" (o que os alemães chamam *umfunktionieren*) as universidades, isto é, perverter sua função, e outras coisas desse tipo. Mas não o direito de participação. Dentro de certos limites, eu o aprovo completamente. Mas não quero entrar nessa questão agora.

Se eu desconsiderar todas as diferenças nacionais, que são, é claro, muito grandes, e apenas levar em conta que esse é um movimento global – algo que nunca existiu antes dessa forma –, e se eu considerar o

---

1 Este ensaio é baseado em uma entrevista concedida pela sra. Arendt ao escritor alemão Adelbert Reif, no verão de 1970. Foi traduzida do alemão para o inglês por Denver Lindley.

2 Especialmente no ano de 1968, houve rebeliões de estudantes em vários países ao mesmo tempo – principalmente nos Estados Unidos, México, Polônia, Tchecoslováquia, Iugoslávia e Brasil. O epicentro do movimento estudantil foi Paris, na França. [N.T.]

que (deixando de lado metas, opiniões, doutrinas) realmente distingue essa geração em todos os países das gerações anteriores, então a primeira coisa que me impressiona é sua determinação para agir, sua alegria na ação, a confiança de que são capazes de mudar as coisas pelos seus próprios esforços. Isso, obviamente, se expressa de maneiras diferentes em países diferentes, de acordo com suas várias situações políticas e tradições históricas, o que significa, por sua vez, de acordo com seus talentos políticos muito diferentes. Mas eu gostaria de abordar isso mais tarde.

Vamos olhar brevemente para o início desse movimento. Ele surgiu nos Estados Unidos bastante inesperadamente nos anos 1950, no período da chamada "geração silenciosa", a geração apática e retraída. A causa imediata foi o movimento pelos direitos civis no Sul, e os primeiros a aderirem a ela foram os estudantes de Harvard, que então atraíram estudantes de outras universidades famosas do Leste. Eles foram para o Sul, organizaram-se brilhantemente e por um período tiveram um sucesso bastante extraordinário, isto é, contanto que fosse simplesmente uma questão de mudar o clima de opinião – que eles definitivamente foram bem-sucedidos em fazer em pouco tempo – e acabar com certas leis, decretos e portarias nos estados do Sul; em resumo, contanto que fosse uma questão de assuntos puramente legais e políticos. Então eles colidiram com as enormes necessidades sociais dos grandes guetos das cidades no Norte – e lá eles sofreram, lá eles não puderam realizar nada.

Foi só mais tarde, depois de terem de fato conseguido o que poderia ser conseguido pela ação puramente política, que a coisa com as universidades começou. Teve início em Berkeley com o Movimento pela Liberdade de Expressão e continuou com o Movimento Antiguerra, e outra vez os resultados foram bastante extraordinários. Desse começo e especialmente desses sucessos surgiu tudo o que tem se espalhado ao redor do mundo desde então.

Nos Estados Unidos, essa nova confiança de que podemos mudar coisas de que não gostamos é evidente especialmente em questões menores. Um exemplo típico foi um confronto comparativamente inofensivo alguns anos atrás. Quando os estudantes souberam que os funcionários de sua universidade não estavam recebendo o salário-padrão, eles fizeram greve – com sucesso. Basicamente, foi um ato de solidariedade com "sua" universidade contra a política da administração. Ou, para dar outro exemplo, em 1970, os estudantes universitários pleitearam tempo livre a fim de poderem participar da campanha eleitoral, e várias das maiores universidades concederam a eles esse tempo livre. Essa é uma atividade política *fora da universidade* que é possibilitada pela universidade em reconhecimento ao fato de que os estudantes também são cidadãos. Considero ambas as situações positivas. Há, contudo, outras coisas que considero bem menos positivas, e chegaremos a elas mais tarde.

A questão básica é: o que realmente aconteceu? Da forma como vejo, pela primeira vez em muito tempo surgiu um movimento político espontâneo que não apenas fazia propaganda, mas agia *e, além disso, agia quase exclusivamente por motivos morais*. Junto com esse fator moral, bastante raro naquilo que geralmente é considerado um mero jogo de poder ou de interesse, outra experiência nova para o nosso tempo entrou no jogo da política: acontece que agir é divertido. Essa geração descobriu o que o século XVIII chamou de "felicidade pública", o que significa que, quando alguém toma parte na vida pública, abre para si uma dimensão da experiência humana que de outro modo permaneceria inacessível e que de alguma forma constitui uma parte da "felicidade" completa.

Em todos esses assuntos, eu classificaria o movimento estudantil como muito positivo. Seu desenvolvimento posterior é outra questão. Por quanto tempo os fatores ditos "positivos" vão perdurar, se eles já não estão em processo de dissolução, devorados pelo fanatismo, pelas ideologias e por uma destrutividade que muitas vezes beira o criminoso, de um lado, e o tedioso, de outro, ninguém sabe. As coisas boas na história são geralmente de duração muito curta, mas depois têm uma influência decisiva sobre o que acontece em longos períodos de tempo. Basta considerar quão curto foi o verdadeiro período clássico na Grécia, e que de fato ainda somos nutridos por ele hoje.

R: Recentemente, Ernst Bloch[3] apontou em uma palestra que o movimento de protesto estudantil não está limitado aos seus objetivos conhecidos, mas contém princípios derivados da velha lei natural:

---

3 Ernst Bloch (1885-1977) foi um filósofo marxista alemão. Suas ideias influenciaram os movimentos estudantis dos anos 1960. [N.T.]

"Os indivíduos que não se submetem não estimulam os caprichos de seus senhores". Agora Bloch diz que os estudantes trouxeram de volta à consciência "esse outro elemento subversivo da revolução", que deve ser distinguido do simples protesto contra uma situação econômica ruim, e ao fazê-lo deram uma importante contribuição "para a história das revoluções e muito provavelmente para a estrutura de revoluções vindouras". Qual é a sua opinião?

A: O que Ernst Bloch chama "lei natural" é aquilo a que eu estava me referindo quando falava da coloração moral conspícua do movimento. Contudo, eu acrescentaria – e neste ponto eu não concordo com Bloch – que algo similar aconteceu com todos os revolucionários. Se você olhar para a história das revoluções, vai ver que nunca foram os próprios oprimidos e degradados que lideraram, mas aqueles que não eram oprimidos nem degradados, mas não podiam suportar que outros o fossem. Só que eles estavam envergonhados em admitir seus motivos morais – e essa vergonha é muito antiga. Não quero entrar na história dela aqui, embora ela tenha um aspecto muito interessante. Mas o fator moral sempre esteve presente, apesar de encontrar uma expressão mais clara hoje porque as pessoas não têm vergonha de assumi-lo.

Quanto à questão de "não se submeter", naturalmente ela tem um papel especialmente importante naqueles países, como o Japão e a Alemanha, em que a subserviência alcançou proporções formidáveis, enquanto nos Estados Unidos, onde não consigo me lembrar sequer de um estudante que tenha se submetido, ela é realmente bastante sem sentido. Já mencionei que esse movimento internacional naturalmente tem colorações nacionais diferentes e que essas colorações, simplesmente porque são colorações, às vezes são a coisa mais surpreendente; é fácil, especialmente para quem está de fora, confundir o que é mais visível com o que é mais importante.

Sobre a questão da "revolução vindoura" na qual Ernst Bloch acredita e que eu não sei se virá ou que estrutura teria se viesse, gostaria de dizer o seguinte: há, é verdade, toda uma série de fenômenos dos quais podemos dizer de uma vez que à luz de nossa experiência (que na verdade não é muito antiga, mas remonta apenas às Revoluções Francesa e Americana; antes disso havia rebeliões e *coups d'état*, mas não revoluções) pertencem aos pré-requisitos da revolução – tais como a ameaça de colapso da máquina do governo, seu enfraquecimento, a perda de confiança no governo por parte da população, a insuficiência dos serviços públicos e vários outros.

A perda de poder e de autoridade de todas as grandes potências é claramente visível, apesar de ser acompanhada por um acúmulo imenso dos meios de violência nas mãos dos governos, mas o aumento de armas não pode compensar a perda de poder. Não obstante, essa situação não necessariamente leva à revolução. Por um lado, pode terminar em contrarrevolução, no estabelecimento de ditaduras, e, por outro, pode terminar num anticlímax total: não precisa levar a nada. Ninguém que está vivo hoje sabe algo sobre uma revolução vindoura: "o princípio de esperança" (Ernst Bloch) certamente não dá nenhum tipo de garantia.

No momento, um pré-requisito para uma revolução vindoura está faltando: um grupo de verdadeiros revolucionários. Justamente o que os estudantes de esquerda mais gostariam de ser – revolucionários – é exatamente o que eles não são. Nem estão organizados como revolucionários: eles não têm a mínima ideia do que o poder significa, e, se o poder estivesse estirado na rua e eles soubessem, certamente seriam os últimos prontos a se abaixar e pegá-lo. Isso é precisamente o que os revolucionários fazem. Os revolucionários não fazem revoluções! Os revolucionários são aqueles que sabem quando o poder está estirado na rua e quando podem pegá-lo. Levantes armados por si sós nunca levaram a uma revolução.

Entretanto, o que poderia pavimentar o caminho para uma revolução, no sentido de preparar os revolucionários, é uma análise real da situação existente tal como se costumava fazer tempos atrás. Com certeza, mesmo então essas análises eram em sua maioria muito inadequadas, mas o fato é que eram feitas. A esse respeito, eu não vejo absolutamente ninguém, perto ou longe, em posição de fazer isso. A esterilidade teórica e o embotamento analítico desse movimento são tão surpreendentes e deprimentes quanto é bem-vinda sua alegria na ação. Na Alemanha, o movimento também é bastante impotente em questões práticas; ele pode causar algum tumulto, mas, tirando os gritos de palavras de ordem, ele não consegue organizar nada. Nos Estados Unidos, onde em certas ocasiões ele levou centenas de milhares para manifestações em Washington, o movimento é, a esse respeito, em sua habilidade para agir, muito impressionante! Mas a esterilidade mental é a mesma em ambos os países – só que, na Alemanha, onde as pessoas gostam tanto de conversa mole e teórica, eles andam por aí promovendo concepções e categorias obsoletas, derivadas principalmente do século XIX, ou batem na sua cabeça com elas, conforme o caso. Nada disso sustenta qualquer relação com as condições modernas. E nada disso tem algo a ver com reflexão.

As coisas são diferentes, certamente, na América do Sul e no Leste Europeu, principalmente porque tem havido muito mais experiência prática concreta nesses lugares. Mas examinar isso em detalhe nos levaria longe demais.

Gostaria de falar sobre outro ponto que me ocorreu em relação a Ernst Bloch e "o princípio de esperança". A coisa mais suspeita sobre esse movimento na Europa Ocidental e nos Estados Unidos é um desespero curioso envolvido nele, como se seus seguidores já soubessem que seriam esmagados. E como se dissessem a si mesmos: ao menos queremos ter provocado nossa derrota; não queremos, além de todo o resto, ser tão inocentes quanto cordeiros. Há um elemento de descontrole da parte dessas crianças que lançam bombas. Li que estudantes franceses em Nanterre, durante os últimos distúrbios – não os de 1968, mas os recentes –, escreveram nos muros: "*Ne gâchez pas votre pourriture*" ("Não estrague sua podridão"). No alvo, no alvo. Essa convicção de que tudo merece ser destruído, que todos merecem ir para o inferno – esse tipo de desespero pode ser detectado em todo lugar, embora seja menos pronunciado nos Estados Unidos, onde "o princípio de esperança" é ainda desconhecido, talvez porque as pessoas ainda não precisem dele tão desesperadamente.

R: Você vê o movimento de protesto estudantil nos Estados Unidos como essencialmente frustrado?

A: De jeito nenhum. Os êxitos que conseguiu até aqui são grandes demais. Seu sucesso na questão dos negros é espetacular, e em relação à guerra é talvez ainda maior. Foram principalmente os estudantes que conseguiram dividir o país e terminaram com uma maioria, ou pelo menos com uma minoria muito forte, altamente qualificada, contra a guerra. Contudo, ele poderia muito rapidamente se arruinar se de fato conseguissem destruir as universidades – algo que considero possível. Nos Estados Unidos, talvez esse perigo seja menor do que em outros lugares, porque os estudantes norte-americanos ainda estão mais voltados para questões políticas e menos para problemas universitários internos, com o resultado de que uma parte da população se sente solidária a eles em assuntos essenciais. Mas nos Estados Unidos também ainda é concebível que as universidades sejam destruídas, pois todo o distúrbio coincide com uma crise nas ciências, na crença na ciência e na crença no progresso, isto é, com uma crise interna, não simplesmente política, das universidades.

Se os estudantes forem bem-sucedidos em destruir as universidades, então eles terão destruído sua própria base de operações – e isso seria verdadeiro em todos os países afetados, tanto na América quanto na Europa. Tampouco eles conseguirão encontrar outra base, simplesmente porque não podem se juntar em nenhum outro lugar. Segue-se que a destruição das universidades significaria o fim de todo o movimento.

Mas não seria o fim do sistema educacional ou da pesquisa. Ambos podem ser organizados de modo bastante diferente; outras formas e instituições para o treinamento profissional e a pesquisa são perfeitamente concebíveis. Mas aí não haverá mais estudantes universitários. Perguntemos o que de fato é liberdade estudantil. As universidades possibilitam que os jovens, ao longo de vários anos, *fiquem de fora de todos os grupos sociais e obrigações*, sejam realmente livres. Se os estudantes destruírem as universidades, então nada do tipo existirá mais; consequentemente também não haverá rebelião contra a sociedade. Em alguns países e em alguns períodos, eles estiveram bem avançados em cortar o galho no qual estão sentados. Isso por sua vez está ligado à perda de controle. Agindo assim o movimento de protesto estudantil poderia na verdade não só fracassar em obter suas demandas, mas também ser destruído.

R: Isso também valeria para o movimento de protesto estudantil na Europa?

A: Sim, se aplicaria à maioria dos movimentos estudantis. Mais uma vez, não tanto aos países da América do Sul e do Leste Europeu, onde o movimento de protesto não é diretamente dependente das universidades e onde uma grande parte da população está por trás dele.

R: Em seu estudo *Sobre a violência*, há esta sentença: "O Terceiro Mundo não é uma realidade, mas uma ideologia". Isso soa como uma blasfêmia. Pois, é claro, o Terceiro Mundo é uma realidade; e, além disso, uma realidade trazida à existência primeiro pelos poderes coloniais ocidentais e mais tarde com a cooperação dos Estados Unidos. E então não é de modo algum surpreendente que essa realidade produzida pelo capitalismo resulte, sob a influência da indignação mundial e geral da juventude, em uma nova ideologia. Contudo, o que é significativo, acredito, não é essa ideologia da Nova Esquerda, mas simplesmente a existência do Terceiro Mundo, a realidade do Terceiro Mundo, que primeiro tornou essa ideologia possível.

Você realmente pretende, com sua sentença espantosa, questionar a realidade do Terceiro Mundo como tal? Possivelmente há um mal-entendido aqui que você poderia esclarecer.

A: Nada disso. Sou verdadeiramente da opinião de que o Terceiro Mundo é exatamente o que eu disse, uma ideologia ou uma ilusão.

África, Ásia e América do Sul – essas são realidades. Se agora você compara essas regiões com a Europa e os Estados Unidos, então pode dizer – mas apenas dessa perspectiva – que elas são subdesenvolvidas, e com isso você afirma que esse é um denominador comum crucial entre esses países. Contudo, você ignora as inúmeras coisas que eles *não* têm em comum, e o fato de que o que eles têm em comum é apenas um contraste que existe com outro mundo; o que significa que a ideia de subdesenvolvimento como o fator importante é um preconceito europeu-norte-americano. A coisa toda é simplesmente uma questão de perspectiva; há uma falácia lógica aqui. Tente dizer a um chinês que ele pertence exatamente ao mesmo mundo que um membro de uma tribo banto africana e, acredite, você terá a surpresa da sua vida. Os únicos que têm um interesse obviamente político em dizer que há um Terceiro Mundo são, é claro, aqueles que estão no degrau mais baixo – isto é, os negros na África. No caso deles é fácil compreender; todo o resto é conversa fiada.

A Nova Esquerda pegou emprestado o bordão "Terceiro Mundo" do arsenal da Velha Esquerda. Ela foi iludida pela distinção feita pelos imperialistas entre países coloniais e potências colonizadoras. Para os imperialistas, o Egito era, naturalmente, como a Índia: ambos caíam na categoria "raças subjugadas". Esse nivelamento imperialista de todas as diferenças é copiado pela Nova Esquerda, só que com os rótulos invertidos. É sempre a mesma velha estória: ser iludido por todo bordão, a incapacidade de pensar ou a relutância em ver os fenômenos como eles realmente são, sem aplicar a eles categorias na crença de que assim eles podem ser classificados. É exatamente isso que constitui o desamparo teórico.

A nova palavra de ordem – nativos de todos os países, ou de todas as antigas colônias ou de todos os países subdesenvolvidos, uni-vos! – é ainda mais maluca do que a antiga da qual foi copiada: trabalhadores do mundo, uni-vos! – que, afinal, caiu em total descrédito. Certamente não sou da opinião de que podemos aprender muito com a história – pois a história constantemente nos confronta com o que é novo –, mas há algumas pequenas coisas que deveria ser possível aprender. O que me enche com essas dúvidas é que não vejo em nenhum lugar pessoas dessa geração reconhecendo realidades como tais e se dando ao trabalho de pensar sobre elas.

R: Filósofos e historiadores marxistas, e não apenas aqueles no sentido estrito da palavra, têm hoje o ponto de vista de que neste estágio do desenvolvimento histórico da humanidade há apenas duas alternativas possíveis para o futuro: o capitalismo ou o socialismo. Na sua visão, existe outra alternativa?

A: Eu não vejo tais alternativas na história; tampouco sei o que ela nos reserva. Não falemos de temas tão grandiosos como "o desenvolvimento histórico da humanidade" – muito provavelmente, ela tomará um rumo que não corresponde nem a um nem a outro, e esperemos que ela venha como uma surpresa para nós.

Mas olhemos por um momento para as suas alternativas historicamente: começou, afinal, com o capitalismo, um sistema econômico que ninguém planejou e ninguém previu. Esse sistema, como é geralmente sabido, deve seu início a um processo monstruoso de expropriação como nunca havia ocorrido antes na história nessa forma – isto é, sem conquista militar. A expropriação, o acúmulo inicial de capital: essa foi a lei de acordo com a qual o capitalismo surgiu e de acordo com a qual avançou passo a passo. Agora, o que as pessoas imaginam ser o socialismo eu não sei. Mas, se você olhar para o que realmente aconteceu na Rússia, então você vai ver que lá o processo de expropriação foi levado mais longe; e você pode observar que algo muito parecido está acontecendo nos países capitalistas modernos, onde é como se o antigo processo de expropriação estivesse novamente à solta. A sobretaxação, uma desvalorização *de facto* da moeda, inflação acompanhada de recessão – o que mais são essas coisas senão formas relativamente sutis de expropriação?

Só nos países ocidentais há obstáculos políticos e legais que evitam constantemente que esse processo de expropriação alcance o ponto no qual a vida seria completamente insuportável. Na Rússia não há, é claro, socialismo, mas socialismo de Estado, que é a mesma coisa que o capitalismo de Estado seria – isto é, a expropriação total. A expropriação total ocorre quando todas as salvaguardas políticas e legais da propriedade privada desapareceram. Na Rússia, por exemplo, certos grupos desfrutam de um altíssimo padrão de vida. O problema é apenas que tudo o que essas pessoas possam ter à sua disposição – carros, casas de campo, móveis caros, limusines com motorista etc. – não pertence a elas; tudo lhes pode ser tomado pelo governo a qualquer momento. Ninguém ali é tão rico que não possa ser transformado em mendigo de um dia para o outro – sem sequer o direito ao emprego – no caso de qualquer conflito com as potências dominantes. (Uma olhada na recente literatura soviética, na qual as pessoas têm começado a dizer a verdade, atestará as consequências atrozes de modo mais revelador do que todas as teorias econômicas e políticas.)

Todas as nossas experiências – em contraposição a teorias e ideologias – dizem-nos que o processo de expropriação, que começou com a ascensão do capitalismo, não para com a expropriação dos meios de produção; apenas instituições legais e políticas que são independentes das forças econômicas e de seu automatismo podem controlar e conter as potencialidades inerentemente monstruosas desse processo. Tais controles políticos parecem funcionar melhor nos chamados "Estados de bem-estar", quer eles se autodenominem "socialistas" ou "capitalistas". O que protege a liberdade é a divisão entre poder governamental e poder econômico, ou, em linguagem marxiana, o fato de o Estado e sua constituição não serem superestruturas.

O que nos protege nos chamados países "capitalistas" do Ocidente não é o capitalismo, mas um sistema legal que impede que o sonho dos administradores de grandes empresas de invadir a esfera privada de seus empregados se realize. Mas esse sonho se torna, sim, realidade onde quer que o próprio governo se torne o empregador. Não é segredo que o sistema de acesso para os servidores do governo norte-americano não respeita a vida privada; o recente apetite de certas agências governamentais para grampear residências particulares poderia também ser visto como uma tentativa por parte do governo de tratar todos os cidadãos como servidores públicos em potencial. E o que é grampear senão uma forma de expropriação? A agência do governo se estabelece como um tipo de coproprietário dos apartamentos e casas dos cidadãos. Na Rússia, não são necessários aparelhos sofisticados nas paredes. Lá, de qualquer modo, um espião se senta no apartamento de cada cidadão.

Se eu fosse julgar esses desenvolvimentos de um ponto de vista marxiano, eu diria: Talvez a expropriação esteja de fato na própria natureza da produção moderna, e o socialismo seja, como Marx acreditava, nada mais que o resultado inevitável da sociedade industrial tal como iniciada pelo capitalismo. Então, a questão é o que podemos fazer para ter e manter esse processo sob controle para que ele não degenere, sob um nome ou outro, nas monstruosidades nas quais ele caiu no Leste. Em alguns países chamados "comunistas" – na Iugoslávia,[4] por exemplo, mas mesmo na Alemanha Oriental[5] –, há tentativas de retirar o controle e descentralizar a economia, e concessões muito substanciais estão sendo feitas a fim de evitar as consequências mais apavorantes do processo de expropriação, as quais, felizmente, também acabaram se mostrando bastante insatisfatórias para a produção uma vez atingido um certo ponto de centralização e escravização dos trabalhadores.

---

4 A Iugoslávia se desfez e o território se fragmentou, a partir de 1991, nos seguintes países: Eslovênia, Croácia, Bósnia e Herzegovina, Sérvia, Kosovo, Montenegro e Macedônia do Norte. [N.T.]

5 Após a Segunda Guerra Mundial, a Alemanha foi dividida em dois países: a República Federal da Alemanha, ocidental; e a República Democrática Alemã, oriental. Após um levante popular que derrubou o muro entre os dois países em Berlim, no ano de 1989, teve início o processo de reunificação. [N.T.]

Fundamentalmente, é uma questão de quanta propriedade e quantos direitos podemos permitir que uma pessoa tenha mesmo sob as condições bastante desumanas de grande parte da economia moderna. Mas ninguém pode me dizer que há tal coisa como trabalhadores que "possuem suas fábricas". A propriedade coletiva é, se você refletir um segundo, uma contradição em termos. Propriedade é o que pertence a mim; posse está relacionada com o que é meu por definição. Os meios de produção de outra pessoa não devem, é claro, pertencer a mim; poderiam talvez ser controlados por uma terceira autoridade, o que significa que não pertencem a ninguém. O pior proprietário possível seria o governo, a menos que seus poderes nessa esfera econômica sejam estritamente controlados e contidos por um judiciário verdadeiramente independente. Nosso problema hoje não é como expropriar os expropriadores, mas, em vez disso, como organizar as coisas para que as massas, despossuídas pela sociedade industrial nos sistemas capitalista e socialista, possa recuperar a propriedade. Apenas por essa razão, a alternativa entre capitalismo e socialismo é falsa – não só porque nenhum dos dois existe em lugar algum em seu estado puro, mas porque temos aqui gêmeos, cada um usando um chapéu diferente.

O mesmo estado de coisas pode ser observado de uma perspectiva diferente – a dos próprios oprimidos –, o que não melhora o resultado. Nesse caso, é preciso dizer que o capitalismo destruiu os patrimônios, as corporações, as guildas, toda a estrutura da sociedade feudal. Acabou com todos os coletivos que eram uma proteção para o indivíduo e para sua propriedade, que lhe garantiam uma certa segurança, embora, é claro, não uma segurança total. Em seu lugar foram colocadas as "classes", essencialmente apenas duas: os exploradores e os explorados. Agora, a classe trabalhadora, simplesmente porque era uma classe e um coletivo, ainda fornecia ao indivíduo uma certa proteção, e mais tarde, quando aprendeu a se organizar, lutou por e assegurou direitos consideráveis para si mesma. A principal distinção hoje não é entre países socialistas e capitalistas, mas entre países que respeitam esses direitos, por exemplo, a Suécia, de um lado, os Estados Unidos, de outro, e aqueles que não os respeitam, por exemplo, a Espanha de Franco, de um lado, a Rússia Soviética, de outro.

O que então fez o socialismo ou o comunismo, tomados em suas formas puras? Destruíram essa classe também, suas instituições, os sindicatos e os partidos dos trabalhadores, e seus direitos – acordos coletivos, greves, seguro-desemprego, previdência social. Em seu lugar, esses regimes ofereceram a ilusão de que as fábricas eram propriedade da classe trabalhadora, que como uma classe havia acabado de ser abolida, e a mentira atroz de que o desemprego não existia mais, uma mentira baseada em nada além da inexistência muito real do seguro-desemprego. Em essência, o socialismo simplesmente tem dado continuidade, e levado ao extremo, o que o capitalismo começou. Por que ele seria o remédio?

R: Os intelectuais marxistas frequentemente enfatizam que o socialismo, apesar da alienação, é sempre capaz de se regenerar por meio de sua própria força. Como um exemplo ideal dessa regeneração há o modelo tchecoslovaco de socialismo democrático.

Em vista do aumento dos armamentos militares pela União Soviética e também da hegemonia soviética em outras áreas, como você julga as chances de uma nova iniciativa em prol do socialismo democrático no Leste, orientada no espírito dos modelos tchecoslovaco e iugoslavo?

A: O que você acabou de dizer na sua primeira frase realmente me chocou. Chamar o governo de Stálin de uma "alienação" me parece um eufemismo usado para varrer para debaixo do tapete não apenas fatos, mas também os crimes mais arrepiantes. Digo isso a você simplesmente para chamar à sua atenção o quanto esse jargão já distorceu os fatos: chamar algo de "alienação" – isso é nada menos que um crime.

Agora, no que diz respeito aos sistemas e "modelos" econômicos, com o tempo algo emergirá de toda experimentação aqui e ali, desde que as grandes potências deixem os países pequenos em paz. O que isso será nós obviamente não podemos dizer num campo tão dependente da prática como a economia. Entretanto, haverá experimentação em primeiro lugar com o problema da posse. Com base na informação muito escassa à minha disposição, eu diria que isso já está acontecendo na Alemanha Oriental e na Iugoslávia com resultados interessantes.

Na Alemanha Oriental, um tipo de sistema cooperativo, que não deriva de modo algum do socialismo e que tem provado seu valor na Dinamarca e em Israel, foi incorporado ao sistema econômico "socialista"

– fazendo-o então funcionar. Na Iugoslávia temos o "sistema de autogerenciamento" nas fábricas, uma nova versão dos antigos "conselhos de trabalhadores", que, a propósito, também nunca se tornaram parte da doutrina ortodoxa socialista ou comunista – apesar do "todo o poder aos sovietes" de Lênin. (Os conselhos, o único verdadeiro resultado das próprias revoluções, e não dos partidos e ideologias revolucionárias, foram impiedosamente destruídos precisamente pelo Partido Comunista e pelo próprio Lênin.)

Nenhum desses experimentos redefine a propriedade legítima de modo satisfatório, mas talvez sejam passos nessa direção – as cooperativas da Alemanha Oriental, ao combinar a posse privada com a necessidade de propriedade conjunta dos meios de produção e distribuição; os conselhos de trabalhadores, ao providenciar a segurança no emprego em vez da segurança da propriedade privada. Em ambos os exemplos, os trabalhadores individuais não são mais atomizados, mas pertencem a um coletivo novo, a cooperativa ou o conselho da fábrica, como uma espécie de compensação por não mais pertencerem a uma classe.

Você pergunta também sobre os experimentos e reformas. Estes não têm nada a ver com sistemas econômicos – exceto pelo fato de que o sistema econômico não deve ser usado para privar as pessoas de sua liberdade. Isso é feito quando um dissidente ou oponente se torna "não empregável" ou quando os bens de consumo são tão escassos e a vida tão desconfortável que fica fácil para o governo "comprar" porções inteiras da população. O que importa às pessoas do Leste é liberdade, direitos civis, garantias legais. Pois essas são as condições para ser livre para falar, escrever e imprimir o que se quiser. A União Soviética marchou sobre a Tchecoslováquia[6] não por causa do novo "modelo econômico", mas por causa das reformas *políticas* ligadas a ele. Não marchou sobre a Alemanha Oriental, apesar de hoje as pessoas lá, como em outros países satélite, viverem melhor do que na União Soviética, e talvez em breve viverão tão bem e por fim até melhor do que as da Alemanha Oriental. E então a diferença será "apenas" que em um país as pessoas podem dizer

6 A União Soviética invadiu a Tchecoslováquia para reprimir a Primavera de Praga, um movimento de protesto da população contra as regras impostas por Moscou que durou de 5 de janeiro a 21 de agosto de 1968. [N.T.]

e, dentro de limites, também fazer o que elas querem e no outro não. Acredite, *isso* faz uma diferença enorme para todo mundo.

É do interesse da União Soviética atacar onde quer que esses experimentos econômicos se unam a uma luta por liberdade. Sem dúvida esse foi o caso na Tchecoslováquia. Não é o caso na Alemanha Oriental; portanto, a República Democrática Alemã é deixada em paz. Sob o governo de Ulbricht,[7] a República Democrática Alemã tem se tornado constantemente mais tirânica ideologicamente quanto maiores são suas concessões econômicas.

A União Soviética precisa também atacar sempre que teme que um de seus países satélites esteja rompendo com o Pacto de Varsóvia.[8] Se esse temor, certamente presente, foi justificado no caso da Tchecoslováquia, eu não sei, mas considero possível. Por outro lado, não acredito que a União Soviética irá intervir militarmente na Iugoslávia. Ela enfrentaria ali uma oposição militar muito considerável, e hoje ela não pode se permitir esse tipo de confronto. Sendo uma grande potência, ela não está sentada assim tão firmemente na sela.

R: Você considera que o socialismo, como a concepção dominante no presente para o futuro da sociedade humana, tem alguma chance de realização?

A: Isso naturalmente suscita outra vez a questão sobre o que o socialismo realmente é. Nem Marx sabia direito o que deveria retratar concretamente com isso.

R: Se eu puder interromper: o que quero dizer é o socialismo, como mencionei antes, orientado no espírito do modelo tchecoslovaco ou iugoslavo.

---

7 Walter Ulbricht (1893-1973), político comunista alemão, foi primeiro-secretário do Partido Socialista Unificado da Alemanha e líder da República Democrática Alemã, oriental. [N.T.]

8 O Pacto de Varsóvia foi uma aliança militar anunciada pela União Soviética em 14 de maio de 1955, que reuniu Polônia, Tchecoslováquia, Hungria, Romênia, Bulgária e Albânia, além da própria União Soviética. Tratava-se de um bloco de países socialistas para fazer frente à Otan – Organização do Tratado do Atlântico Norte – no contexto da Guerra Fria. [N.T.]

A: Você se refere, então, ao que hoje é chamado de "humanismo socialista". Essa nova palavra de ordem significa apenas a tentativa de desfazer a desumanidade provocada pelo socialismo sem reintroduzir um assim chamado sistema "capitalista", embora a clara tendência na Iugoslávia a uma economia de mercado aberta possa muito facilmente ser assim interpretada, e quase certamente será, não apenas pela União Soviética, mas por todos os crédulos verdadeiros.

Falando de modo geral, eu diria que admito uma chance para todos os países pequenos que queiram fazer experimentações, quer chamem a si mesmos socialistas ou não, mas sou muito cética a respeito das grandes potências. Essas sociedades de massa não podem mais ser controladas, muito menos governadas. Os modelos tchecoslovaco e iugoslavo, se você tomar esses dois como exemplos, naturalmente têm uma chance. Eu também incluiria talvez a Romênia, talvez a Hungria, onde a revolução de modo algum terminou catastroficamente, como poderia ter terminado sob Stálin – simplesmente com a deportação de 50% da população. Em todos esses países algo está acontecendo, e vai ser muito difícil reverter seus esforços reformistas, suas tentativas de escapar das piores consequências da ditadura e resolver seus problemas econômicos de forma independente e sensata.

Há outro fator que deveríamos considerar. A União Soviética e, em vários graus, seus Estados satélites não são Estados-nações, mas são compostos por nacionalidades. Em cada um deles, a ditadura está mais ou menos nas mãos da nacionalidade dominante, e a oposição contra ela sempre corre o risco de se tornar um movimento de liberação nacional. Isso é especialmente verdadeiro na União Soviética, onde os ditadores russos sempre vivem com medo de um colapso do império russo – e não apenas de uma mudança de governo.

Essa preocupação não tem nada a ver com socialismo; é, e sempre foi, uma questão de pura política de poder. Não acho que a União Soviética teria agido como agiu na Tchecoslováquia se não estivesse preocupada com sua própria oposição interna, não apenas a oposição dos intelectuais, mas a oposição latente de suas próprias nacionalidades. Não devemos esquecer que, durante a Primavera de Praga, o governo fez concessões consideráveis aos eslovacos, as quais apenas recentemente, certamente sob influência russa, foram canceladas. Todas as tentativas de descentralização são temidas por Moscou. Um novo modelo: isso significa, para os russos, não apenas um tratamento mais humano das questões econômicas ou intelectuais, mas também a ameaça de decomposição do império russo.

R: Acho que o medo dos líderes soviéticos, especificamente da oposição dos intelectuais, desempenha um papel especial. Afinal de contas, trata-se de uma oposição que hoje se faz sentir em um âmbito mais amplo. Há até um movimento pelos direitos civis por parte de jovens intelectuais que opera com todos os meios legais disponíveis e, desnecessário dizer, também ilegais, como jornais clandestinos etc.

A: Sim, estou ciente disso. E os líderes da União Soviética estão naturalmente com muito medo dele. Estão com muito medo de que se o sucesso desse movimento se estender ao povo, como distinto dos intelectuais, poderia significar que os ucranianos mais uma vez iriam querer ter seu próprio Estado, como os tártaros, que de qualquer modo foram tratados de forma tão abominável, e assim por diante. Portanto, os governantes da União Soviética estão em uma base ainda mais instável do que os governantes dos países satélites. Mas veja também que Tito na Iugoslávia está com medo do problema das nacionalidades e nem um pouco do assim chamado "capitalismo".

R: Como você explica o fato de que o movimento de reforma do Leste – estou pensando não apenas no modelo tchecoslovaco, muito citado, mas também nas várias publicações dos intelectuais soviéticos em defesa da democratização da União Soviética, e protestos semelhantes – nunca apresenta qualquer forma de capitalismo, mesmo modificada, como uma alternativa ao sistema que estão criticando?

A: Bem, eu poderia dizer a você que essas pessoas são obviamente da minha opinião, que, assim como o socialismo não é remédio para o capitalismo, o capitalismo não pode ser um remédio ou uma alternativa para o socialismo. Mas não insistirei nisso. A disputa nunca é simplesmente sobre um sistema econômico. O sistema econômico está envolvido apenas na medida em que uma ditadura impede a economia de se desenvolver tão produtivamente quanto se desenvolveria sem coação ditatorial. De resto, tem a ver com a questão política: tem a ver com que tipo de Estado se quer ter, que tipo de constituição, que tipo de legislação, que salvaguardas para a liberdade de expressão falada e impressa; isto é, tem a ver com o que nossas crianças inocentes no Ocidente chamam de "liberdade burguesa".

Não há tal coisa; liberdade é liberdade, seja ela garantida por leis de um governo "burguês" ou por um Estado "comunista". Do fato de que os governos comunistas hoje não respeitam os direitos civis e não garantem a liberdade de expressão e de associação não se segue que tais direitos e liberdades sejam "burgueses". A "liberdade burguesa" é frequentemente equacionada, bastante equivocadamente, com a liberdade de ganhar mais dinheiro do que uma pessoa realmente precisa. Pois essa é a única "liberdade" que o Leste, onde de fato é possível se tornar extremamente rico, também respeita. O contraste entre ricos e pobres – se formos falar uma linguagem sensata uma única vez, e não jargão – em relação à renda é maior no Leste do que na maioria dos outros países, maior ainda do que nos Estados Unidos se você desconsiderar alguns milhares de multimilionários.

Mas esse também não é o ponto. Repito: o ponto é simples e tão somente se eu posso ou não falar e imprimir o que desejo; se meus vizinhos me espionam ou não. Liberdade sempre implica liberdade de discordar. Nenhum governante antes de Stálin e Hitler contestava a liberdade de dizer sim – Hitler excluindo os judeus e os ciganos do direito de consentir e Stálin tendo sido o único ditador a cortar a cabeça de seus mais entusiasmados apoiadores, talvez por perceber que quem quer que diga sim pode também dizer não. Nenhum tirano antes deles foi tão longe – e isso tampouco compensou.

Nenhum desses sistemas, nem mesmo o da União Soviética, é ainda verdadeiramente totalitário – embora eu tenha de admitir que não estou em posição de julgar a China. No momento, apenas as pessoas que discordam e estão na oposição são excluídas, mas isso não significa de modo algum que haja alguma liberdade lá. E é precisamente na liberdade política e na garantia de direitos básicos que as forças de oposição estão interessadas – e corretamente.

R: Como você se posiciona em relação à afirmação de Thomas Mann de que "o antibolchevismo é a tolice básica de nosso tempo"?

A: Há tantos absurdos em nosso tempo que é difícil declarar um primeiro lugar. Mas, para falar seriamente, o antibolchevismo como uma teoria, como um "ismo", é a invenção dos ex-comunistas. Com isso não quero dizer apenas quaisquer antigos bolcheviques ou comunistas, mas, antes, aqueles que "*acreditaram*" e então um dia foram pessoalmente desiludidos pelo sr. Stálin; isto é, pessoas que não eram realmente revolucionárias ou engajadas politicamente, mas que, segundo elas mesmas, tinham perdido um deus e então foram em busca de outro deus e também do oposto, um novo diabo. Elas simplesmente inverteram o padrão.

Mas dizer que a mentalidade dessas pessoas mudou, que em vez de buscar crenças elas enxergaram realidades, levaram-nas em conta e tentaram mudar as coisas, é errado. Se os antibolchevistas anunciam que o Leste é o diabo ou os bolchevistas sustentam que os Estados Unidos são o diabo, no que diz respeito aos seus hábitos de pensamento dá no mesmo. A mentalidade ainda é a mesma. Ela só enxerga preto e branco. Na realidade não há tal coisa. Quem não conhece todo o espectro de cores políticas de uma época, quem não consegue distinguir entre as condições básicas dos diferentes países, os vários estágios de desenvolvimento, as tradições, os tipos e graus de produção, de tecnologia, de mentalidade e assim por diante, então simplesmente não sabe como se mover e se orientar nesse campo. Não pode fazer nada além de esmagar o mundo em pedaços a fim de finalmente ter diante de seus olhos uma coisa: o preto absoluto.

* * *

R: No final de *Sobre a violência*, você escreve que sabemos, "ou deveríamos saber, que toda diminuição de poder é um convite aberto à violência – mesmo que seja apenas porque aqueles que detêm o poder e o sentem escorrendo pelas mãos [...] sempre acharam difícil resistir à tentação de substituí-lo pela violência". O que significa essa afirmação densa em relação à situação política atual nos Estados Unidos?

A: Falei antes sobre a perda de poder por parte das grandes potências. Se considerarmos isso concretamente, o que significa? Em todas as repúblicas com governos representativos, o poder reside no povo. Isso significa que o povo confere poder a certos indivíduos para representá-lo, para agirem em seu nome. Quando falamos sobre perda de poder, significa que o povo retirou seu consentimento daquilo que seus representantes, os funcionários eleitos e dotados de poder, fazem.

Aqueles que receberam o poder naturalmente se sentem poderosos; mesmo quando o povo retira a base desse poder, o sentimento de poder permanece. Essa é a situação nos Estados Unidos – não apenas lá, com certeza. Esse estado de coisas, a propósito, nada tem a ver com o fato de que as pessoas estão divididas, mas, antes, deve ser explicado pela perda de confiança no assim chamado "sistema". A fim de manter o sistema, aqueles a quem o poder foi concedido começam a agir como dominadores e recorrem à força. Eles substituem a aprovação do povo pela força; esse é o ponto de virada.

Como isso está nos Estados Unidos atualmente? A questão pode ser ilustrada por vários exemplos, mas eu gostaria de elucidá-la principalmente com a guerra do Vietnã, que não apenas realmente divide o povo nos Estados Unidos, mas, até mais importante, tem causado uma perda de confiança e, portanto, uma perda de poder. Para ser específica, tem produzido a "lacuna de credibilidade", o que significa que não se acredita mais naqueles que estão no poder – independentemente de se concordar com eles ou não. Eu sei que na Europa nunca se acreditou em políticos, que, de fato, as pessoas são da opinião de que políticos precisam e devem mentir como parte de seu ofício. Mas não é o caso nos Estados Unidos.

Naturalmente, sempre houve segredos de Estado que, por razões ligadas especificamente à política prática, precisavam ser estritamente guardados. Muitas vezes a verdade não era contada; mas também não o eram mentiras diretas. Agora, como você sabe, a Resolução do Golfo de Tonquim, que deu carta branca ao presidente em uma guerra não declarada, foi aprovada à força no Congresso com base em uma apresentação provavelmente imprecisa das circunstâncias. Esse caso custou a Johnson a presidência; também, o ressentimento da oposição no Senado dificilmente pode ser explicado sem ele. Desde então, em círculos cada vez mais amplos, a guerra do Vietnã tem sido considerada ilegal – não apenas peculiarmente desumana, não apenas imoral, mas *ilegal.* Nos Estados Unidos, isso tem um peso diferente do que na Europa.

R: E, mesmo assim, há entre os trabalhadores norte-americanos uma agitação muito forte *a favor* do envolvimento dos Estados Unidos no Vietnã. Como isso pode ser explicado nesse contexto?

A: O primeiro ímpeto de oposição à guerra veio das universidades, especialmente do corpo estudantil, isto é, dos mesmos grupos que estavam envolvidos no movimento pelos direitos civis. Essa oposição foi direcionada desde o começo contra o assim chamado "sistema", cujos mais leais apoiadores hoje são inquestionavelmente encontrados entre os trabalhadores, isto é, nos grupos de baixa renda. (Em Wall Street, os assim chamados "capitalistas" se manifestaram contra o governo e os trabalhadores da construção a favor.) Nisso, o papel decisivo foi desempenhado não tanto pela questão da guerra, mas sim pelo problema da cor.

Tem se tornado evidente que no Leste e no Norte do país a integração dos negros nos grupos de renda mais alta não enfrenta dificuldades muito sérias ou insuperáveis. Hoje em todo lugar esse é realmente um *fait accompli*. Moradias com aluguel relativamente alto podem ser integradas se os inquilinos negros pertencem ao mesmo nível alto de brancos ou amarelos (especialmente os chineses, que em todo lugar são especialmente bem-vistos como vizinhos). Uma vez que o número de homens de negócios negros bem-sucedidos é muito pequeno, isso realmente se aplica às profissões acadêmicas e liberais – médicos, advogados, professores, atores, escritores e assim por diante.

A mesma integração nos níveis médio e baixo da classe média, e especialmente entre os trabalhadores que com respeito à renda pertencem ao nível alto da classe média baixa, leva à catástrofe, e isso de fato não apenas porque a classe média baixa é particularmente "reacionária", mas porque essas classes acreditam, não sem razão, que todas essas reformas relacionadas ao problema do negro estão sendo feitas à sua custa. Isso pode ser mais bem ilustrado pelo exemplo das escolas. As escolas públicas nos Estados Unidos, incluindo o ensino médio, são gratuitas. Quanto melhores essas escolas, maiores as chances de crianças sem recursos entrarem nas faculdades e universidades, isto é, melhorarem sua posição social. Nas grandes cidades, esse sistema de escola pública, sob o peso de um lumpemproletariado muito numeroso e quase exclusivamente negro, desmoronou, com poucas exceções; essas instituições, nas quais as crianças permanecem por doze anos sem sequer aprender a ler e escrever, dificilmente podem ser descritas como escolas. Agora, se uma parte da cidade se torna negra como resultado da política de integração, então as ruas ficam descuidadas, as escolas são abandonadas, as crianças se perdem – em suma, a vizinhança se torna muito rapidamente uma favela. Os principais atingidos, além dos próprios negros, são os italianos, os irlandeses, os poloneses e outros grupos étnicos que não são pobres, mas também não são ricos o suficiente para serem capazes simplesmente de se mudar ou mandar seus filhos para as escolas privadas, muito caras.

Isso, contudo, é perfeitamente possível para as classes mais altas, embora muitas vezes à custa de um sacrifício considerável. As pessoas estão perfeitamente corretas em dizer que em breve, em Nova York, apenas os muito pobres e os muito ricos conseguirão viver. Quase todos os residentes brancos que podem fazê-lo mandam seus filhos ou para escolas privadas, que são em geral muito boas, ou para escolas confessionais, principalmente católicas. Os negros pertencentes às camadas mais altas também podem fazer isso. A classe trabalhadora não, nem a classe média baixa. O que faz essas pessoas especialmente amargas é que os liberais da classe média aprovaram leis cujas consequências eles não sentem. Eles exigem a integração das escolas públicas, a eliminação das escolas de bairro (crianças negras, que em larga medida são simplesmente abandonadas, são transportadas de ônibus das favelas para escolas em bairros predominantemente de brancos), a integração forçada de bairros – e enviam seus próprios filhos para escolas privadas e mudam-se para os subúrbios, algo que apenas aqueles com certo nível de renda podem pagar.

A isso se soma outro fator, que está presente também em outros países. Marx pode ter dito que o proletariado não tem país; bem se sabe que os proletários nunca compartilharam desse ponto de vista. As classes sociais mais baixas são especialmente suscetíveis ao nacionalismo, ao chauvinismo e às políticas imperialistas. Uma séria divisão no movimento pelos direitos civis em "preto" e "branco" surgiu como resultado da questão da guerra: os estudantes brancos vindos de bons lares de classe média imediatamente se uniram à oposição, em contraste com os negros, cujos líderes foram muito lentos em decidirem se manifestar contra a guerra no Vietnã. Isso foi verdadeiro até mesmo para Martin

Luther King. O fato de que o exército dá às classes sociais mais baixas algumas oportunidades de educação e de formação profissional naturalmente também desempenha um papel aqui.

R: Você critica a Nova Esquerda na Alemanha Ocidental, entre outras coisas, por nunca "ter se preocupado seriamente com o reconhecimento da Linha Oder-Neisse, que, afinal, é a questão crucial da política externa alemã e a pedra de toque do nacionalismo alemão desde a derrota do regime de Hitler". Duvido de que sua tese possa ser sustentada dessa forma inflexível, pois a Nova Esquerda alemã também está pedindo o reconhecimento não apenas da Linha Oder-Neisse por Bonn, mas também da República Democrática Alemã. Contudo, a Nova Esquerda está isolada da população em geral, e não está em seu poder dar realidade política prática a tais exigências teóricas. Mas mesmo que a Nova Esquerda extremamente fraca numericamente interviesse "seriamente" pelo reconhecimento da Linha Oder-Neisse, o nacionalismo alemão sofreria com isso uma derrota decisiva?

A: No que diz respeito às consequências políticas práticas, uma mudança de política na Pérsia[9] era certamente ainda menos provável. O problema com a Nova Esquerda é que ela obviamente se preocupa apenas com as consequências finais de suas manifestações. Em contraste com o xá da Pérsia, a Linha Oder-Neisse é uma questão de responsabilidade direta de todos os cidadãos alemães; protestar por seu reconhecimento e falar abertamente sobre essa questão faz sentido independentemente das consequências políticas práticas. A Nova Esquerda ter saído "também" em defesa do reconhecimento da nova fronteira com a Polônia – como muitos bons liberais alemães têm feito – não prova coisa nenhuma. O ponto é que essa questão nunca esteve no centro de sua propaganda, o que significa simplesmente que eles se esquivam de todas as questões que são reais e envolvem responsabilidade direta. Isso é verdadeiro para suas teorias, assim como para suas práticas.

Há duas explicações possíveis para essa fuga de uma questão eminentemente prática. Mencionei até agora apenas o nacionalismo alemão, de

9 Arendt se refere a Mohammad Reza Pahlavi (1919-80), xá do Irã de 1941 a 1980, e sua política autocrática. [N.T.]

que, não obstante toda retórica em contrário, pode-se também suspeitar da Nova Esquerda. A segunda possibilidade seria que esse movimento em sua versão alemã se entregou a tanta bobagem teórica exagerada que não consegue ver o que está diante de seu nariz. Esse parece ter sido o caso na época das Leis de Emergência – as *Notstandsgesetze*.[10] Você se lembra de quanto tempo o movimento estudantil demorou para se dar conta de que algo de importância considerável estava acontecendo no Parlamento, certamente de maior importância para a Alemanha do que a visita de potentados orientais.

Quando os estudantes norte-americanos se manifestam contra a guerra no Vietnã, estão se manifestando contra uma política de interesse imediato para seu país e para eles mesmos. Quando os estudantes alemães fazem o mesmo, é praticamente como em relação ao xá da Pérsia; não há a menor possibilidade de serem responsabilizados pessoalmente. O interesse apaixonado em relações internacionais que não envolvem nenhum risco e nenhuma responsabilidade tem sido muitas vezes um disfarce para esconder interesses nacionais realistas; na política, o idealismo é com frequência nada mais que uma desculpa para que não se reconheçam realidades desagradáveis. O idealismo pode ser uma forma de fugir da realidade como um todo, e isso, penso, é muito mais provavelmente o caso aqui. A Nova Esquerda simplesmente negligenciou o problema, e isso significa que negligenciou a única questão moral que, na Alemanha pós-guerra, estava ainda realmente aberta e sujeita ao debate. E ela também negligenciou uma das poucas questões políticas internacionais decisivas na qual a Alemanha teria sido capaz de desempenhar um papel significativo depois do fim da Segunda Guerra Mundial. O fracasso do governo alemão, especialmente sob Adenauer,[11] em reconhecer a Linha Oder-Neisse a tempo tem contribuído muito para a consolidação do sistema de satélite soviético. Deveria ser perfeitamente claro para todos que o medo da Alemanha por parte das

---

10 *Notstandsgesetze* – Leis de Emergência impostas pelos Aliados à República Federal da Alemanha, aprovadas em maio de 1968, permitiam a interferência do governo em situações de crise. [N.T.]

11 Konrad Adenauer (1876-1967) foi chanceler da República Federal da Alemanha, Ocidental, de 1949 a 1963. [N.T.]

nações satélites desacelerou decisivamente, e em parte impossibilitou, todos os movimentos de reforma na Europa Oriental. O fato de que nem mesmo a esquerda, nova ou velha, se atreveu a tocar nesse ponto tão sensível da Alemanha pós-guerra só poderia fortalecer consideravelmente esse medo.

R: Voltando mais uma vez ao seu estudo *Sobre a violência*: nele (isto é, na versão alemã) você escreve: "Enquanto a independência nacional (a saber, a liberdade em relação ao domínio estrangeiro) e a soberania do Estado (a saber, a reivindicação de um poder sem controle e sem limites nas relações externas) estiverem identificadas – e nenhuma revolução foi capaz até agora de abalar esse conceito de Estado –, nem mesmo uma solução teórica para o problema da guerra, da qual depende não tanto o futuro da humanidade, mas se a humanidade terá um futuro, chega a ser concebível, e a paz garantida na Terra é tão utópica quanto um círculo com ângulos retos".[12] Que outro conceito de Estado você tem em mente?

A: O que tenho em mente não é tanto um conceito diferente de Estado quanto a necessidade de mudar esse. O que chamamos de "Estado" não é muito mais velho do que os séculos XV e XVI, e a mesma coisa vale para o conceito de soberania. Soberania significa, entre outras coisas, que conflitos de caráter internacional podem, em última instância, ser resolvidos apenas pela guerra; não há outro último recurso. Hoje, contudo, a guerra entre as grandes potências – deixando de lado todas as considerações pacifistas – se tornou impossível devido ao desenvolvimento monstruoso dos meios de violência. E então surge a questão: o que tomará o lugar desse último recurso?

A guerra, por assim dizer, tornou-se um luxo que só as nações pequenas podem se permitir, e apenas enquanto não forem atraídas para as esferas de influência de grandes potências e elas mesmas não possuírem

12 Este trecho da edição alemã corresponde ao seguinte trecho da edição inglesa, da qual este livro foi traduzido, que diz: "Nem é provável que um substituto apareça enquanto a independência nacional, a saber, a liberdade em relação a um governo externo, e a soberania do Estado, a saber, a reivindicação de poder ilimitado e irrestrito em relações exteriores, são identificadas". [N.R.]

armas nucleares. As grandes potências interferem nessas guerras em parte porque são obrigadas a defender seus clientes e em parte porque isso se tornou uma peça importante na estratégia de dissuasão mútua sobre a qual repousa hoje a paz do mundo.

Entre Estados soberanos não pode haver último recurso exceto a guerra; se a guerra não serve mais a esse propósito, esse fato prova por si só que devemos ter um novo conceito de Estado. Esse novo conceito de Estado certamente não resultará da fundação de um novo tribunal internacional que funcionaria melhor do que o de Haia, ou de uma nova Liga das Nações, pois os mesmos conflitos entre governos soberanos ou aparentemente soberanos só podem se desenrolar novamente aí – no nível do discurso, por certo, que é mais importante do que geralmente se pensa.

Os meros rudimentos que vejo para um novo conceito de Estado podem ser encontrados no sistema federal, cuja vantagem é que o poder não se move nem de cima nem de baixo, mas é direcionado horizontalmente, de modo que as unidades federadas mutuamente contêm e controlam seus poderes. Pois a dificuldade real em especular sobre esses assuntos é que o recurso final não deve ser *supra*nacional, mas *inter*nacional. Uma autoridade supranacional seria ou ineficaz ou monopolizada pela nação que acontecesse de ser a mais forte, e isso então levaria a um governo mundial, que poderia facilmente se tornar a mais terrível tirania concebível, uma vez que não haveria como escapar de sua força policial global – até ela finalmente desmoronar.

Onde encontramos modelos que poderiam nos ajudar a construir, ao menos teoricamente, uma autoridade *inter*nacional como a agência de controle mais alta? Isso soa como um paradoxo, uma vez que o que é mais elevado não pode estar entre, mas, apesar disso, essa é a questão real. Quando eu disse que nenhuma das revoluções, cada uma das quais derrubou uma forma de governo e a substituiu por outra, tinha sido capaz de abalar o conceito de Estado e sua soberania, tinha em mente algo que tentei elaborar um pouco no meu livro *Sobre a revolução*. Desde as revoluções do século XVIII, toda grande revolta de fato desenvolveu os rudimentos de uma forma de governo completamente nova, que emergiu independente de todas as teorias revolucionárias anteriores, diretamente a partir do curso da própria revolução, isto é, a partir das experiências de ação e a partir da vontade resultante dos atores de participar do desenvolvimento posterior dos assuntos públicos.

Essa nova forma de governo é o sistema de conselhos, que, como sabemos, pereceu toda vez e em todos os lugares, destruído ou diretamente pela burocracia dos Estados-nações ou pelas máquinas dos partidos. Se esse sistema é pura utopia – de qualquer modo, seria uma utopia do povo, não a utopia de teóricos e de ideologias –, não posso dizer. Parece-me, contudo, a única alternativa que já apareceu na história, e reapareceu várias vezes. A organização espontânea de sistemas de conselhos ocorreu em todas as revoluções, na Revolução Francesa, com Jefferson na Revolução Americana, na comuna de Paris, nas revoluções russas, na esteira das revoluções na Alemanha e na Áustria no fim da Primeira Guerra Mundial, e finalmente na Revolução Húngara. Além disso, eles nunca surgiram em decorrência de uma tradição ou teoria revolucionária consciente, mas totalmente espontânea, a cada vez como se nunca tivesse havido nada do tipo antes. Assim, o sistema de conselhos parece corresponder e surgir da própria experiência da ação política.

Nessa direção, penso, deve haver algo a ser encontrado, um princípio de organização completamente diferente, que começa de baixo, continua para cima e finalmente leva a um parlamento. Mas não podemos falar disso agora. E não é necessário, já que estudos importantes sobre esse assunto foram publicados nos últimos anos na França e na Alemanha, e qualquer um seriamente interessado pode se informar.

Para evitar um mal-entendido que poderia facilmente ocorrer hoje, devo dizer que as comunas de hippies e desajustados não têm nada a ver com isso. Ao contrário, uma renúncia de toda a vida pública, da política em geral, está em sua base; elas são refúgios para pessoas que sofreram um naufrágio político – e, como tais, estão totalmente justificadas por motivos pessoais. Eu acho as formas dessas comunas muitas vezes grotescas – tanto na Alemanha quanto nos Estados Unidos –, mas eu as compreendo e não tenho nada contra elas. Politicamente, elas não têm nenhum significado. Os conselhos desejam o exato oposto, mesmo se começam muito pequenos – como conselhos de bairro, conselhos de profissões, conselhos em fábricas, condomínios e assim por diante. Há, de fato, conselhos dos mais variados tipos, de modo algum apenas conselhos de trabalhadores; conselhos de trabalhadores são um caso especial nesse âmbito.

Os conselhos dizem: queremos participar, queremos debater, queremos fazer nossas vozes serem ouvidas em público e queremos ter a possibilidade de determinar o rumo político de nosso país. Já que o país é grande demais para que todos nós nos juntemos e determinemos nosso destino, precisamos de alguns espaços públicos nele. A cabine em que depositamos nossas cédulas é inquestionavelmente pequena demais, pois essa cabine tem espaço para apenas uma pessoa. Os partidos são completamente inadequados; neles somos, a maioria de nós, nada além de eleitorado manipulado. Mas se apenas dez de nós sentamos ao redor de uma mesa, cada um expressando sua opinião, cada um ouvindo as opiniões dos outros, então uma formação racional de opinião pode ocorrer pela troca de opiniões. Lá, também, ficará claro que um de nós é mais adequado para apresentar nossa visão diante do próximo conselho mais alto, no qual, por sua vez, nossa visão será esclarecida pela influência de outras visões, revisada ou provada errada.

De modo algum cada residente de um país precisa ser membro de tais conselhos. Nem todos querem ou precisam se preocupar com assuntos públicos. Dessa forma, é possível um processo autosseletivo que reuniria uma verdadeira elite política em um país. Qualquer um que não esteja interessado em assuntos públicos terá simplesmente de se contentar com o fato de estes serem decididos sem ele. Mas a cada pessoa deverá ser dada a oportunidade.

Nessa direção vejo a possibilidade de se formar um novo conceito de Estado. Um Estado-conselho desse tipo, para o qual o princípio de soberania seria totalmente estranho, seria admiravelmente adequado a federações dos mais variados tipos, especialmente porque nele o poder seria constituído horizontalmente e não verticalmente. Mas, se você me perguntar agora que perspectiva ele tem de se concretizar, então eu devo dizer a você: muito pouca, se é que alguma. E ainda assim, talvez, afinal – na esteira da próxima revolução.